Detox dia a dia

Astrid Pfeiffer

Detox dia a dia

para você se sentir bem
de dentro para fora

Copyright © 2016 Astrid Pfeiffer
Copyright das fotos © 2016 Astrid Pfeiffer
Copyright desta edição © 2016 Alaúde Editorial Ltda.

Todos os direitos reservados. Nenhuma parte desta edição pode ser utilizada ou reproduzida – em qualquer meio ou forma, seja mecânico ou eletrônico –, nem apropriada ou estocada em sistema de banco de dados sem a expressa autorização da editora.

Este livro é uma obra de consulta e esclarecimento. As informações aqui contidas têm o objetivo de complementar, e não substituir, os tratamentos ou cuidados médicos. Os benefícios para a saúde de uma dieta baseada em frutas, verduras, legumes e sementes são reconhecidos pela medicina, mas o uso das informações contidas neste livro é de inteira responsabilidade do leitor. Elas não devem ser usadas para tratar doenças graves ou solucionar problemas de saúde sem a prévia consulta a um médico ou a um nutricionista. Uma vez que mudar hábitos alimentares envolve certos riscos, nem o autor nem a editora podem ser responsabilizados por quaisquer efeitos adversos ou consequências da aplicação do conteúdo deste livro sem orientação profissional.

O texto deste livro foi fixado conforme o acordo ortográfico vigente no Brasil desde 1º de janeiro de 2009.

Chefs convidados: Daniel Biron (18, 28, 34, 35, 40 e 50) e Reinhard Pfeiffer (66, 67, 72, 73 e 82)
Coordenação editorial: Bia Nunes de Sousa
Preparação: Silvana Salerno
Revisão: Claudia Vilas Gomes, Rosi Ribeiro Melo
Fotografias: Susi Seitz
Capa e projeto gráfico: Rodrigo Frazão
Impressão e acabamento: Bartira Gráfica

1ª edição, 2016
Impresso no Brasil

Dados Internacionais de Catalogação na Publicação (CIP)
(Câmara Brasileira do Livro, SP , Brasil)

Pfeiffer, Astrid
Detox dia a dia : para você se sentir bem de dentro para fora / Astrid Pfeiffer. -- São Paulo :
Alaúde Editorial, 2016.

ISBN 978-85-7881-368-0

1. Alimentação 2. Desintoxicação (Saúde) 3. Nutrição 4. Receitas 5. Saúde - Promoção
I. Título.

16-04680 CDD-613

Índices para catálogo sistemático:
1. Desintoxicação : Promoção da saúde 613

2016
Alaúde Editorial Ltda.
Avenida Paulista, 1337, conjunto 11
Bela Vista, São Paulo, SP, 01311-200
Tel.: (11) 5572-9474
www.alaude.com.br

Sumário

Agradecimentos	6
Prefácio	7
Introdução	9
Como utilizar este livro	12
Plano detox	14
Receitas básicas	16
Café da manhã	26
Lanche da manhã	46
Almoço	62
Lanche da tarde	96
Jantar	118
Ceia	146
Índice alfabético	158

Agradecimentos

Em tudo o que realizo na vida, além de envolver minha vontade e dedicação, sempre conto com o apoio de pessoas iluminadas e especiais que, de diferentes maneiras, me ajudam na concretização dos meus sonhos.

Por isso, primeiramente, dedico este livro aos meus eternos amores: meus pais, Luciana do Rocio Stenzoski Pfeiffer e Eraldo Diegel Pfeiffer, e minhas irmãs, Heidi Pfeiffer e Raissa Pfeiffer, por sempre estarem ao meu lado, me ajudando, dando força, incentivo e muito amor para que eu continue fazendo meu melhor sempre, e em especial a meu irmão, Reinhard Pfeiffer, que com todo o seu profissionalismo, humildade e amor fez a finalização dos pratos e a produção das lindas fotos que ilustram este livro.

Ao meu querido amigo e médico dr. Salvador Javier Gamarra (em memória), que sempre cuidou e me ajudou em todos os momentos mais importantes da minha vida, o meu muito obrigada e toda minha gratidão e respeito pela linda pessoa e profissional que foi.

Agradeço aos meus queridos amigos e excelentes profissionais: dr. Antonio Claudio Goulart, por ter me ensinado e por ter incentivado o meu trabalho com a nutrição, e Michelle Thomé, pela ajuda na elaboração e concretização deste segundo livro.

Aos meus pacientes, amigos e a todas as pessoas que vão ler e usar este livro no dia a dia para obter mais saúde, minha gratidão e amor, pois é por vocês e para vocês que este trabalho foi feito.

Prefácio

Desde a infância, nunca fui de comer muita carne – principalmente porque sabia que aquela carne tinha sido o carneiro, a galinha, o coelho com que eu brincava na chácara da minha família, na cidade da Lapa, no Paraná –, mas foi só em 2005 que me tornei vegetariana de vez. Minha maior motivação foi meu amor pelos animais; não consegui mais fechar os olhos para o fato de que, antes da carne no prato, existiu um ser, uma criatura cujo destino acabou mascarado por inúmeros temperos, molhos e pratos chiques da gastronomia. Percebi que o sofrimento e a dor estavam presentes no alimento que o animal se tornara e, o pior de tudo, que aquele animal indefeso nunca pôde manifestar sua escolha pela própria vida.

O sentimento foi tão forte que me tornei vegetariana de vez e sou muito grata por tudo o que adveio dessa minha escolha. O vegetarianismo só me trouxe coisas boas, tanto no que diz respeito à minha saúde quanto no âmbito profissional, e a maneira que encontrei para manifestar essa gratidão é através do meu trabalho.

Comecei a escrever o meu primeiro livro, *A cozinha vegetariana de Astrid Pfeiffer*, quando ainda morava em São Paulo e meus pacientes pediam receitas rápidas, fáceis e nutritivas. Experimentando a doce vida louca dessa cidade, imaginei que as demandas das pessoas que passavam pelo consultório provavelmente seriam as mesmas dos outros moradores da capital. Com isso em mente, meu objetivo foi compor um livro que oferecesse alternativas saudáveis e práticas para todos.

Minha dedicação não foi em vão. O livro vendeu milhares de exemplares e, menos de um ano após o lançamento, foi eleito o melhor livro vegetariano do Brasil e o segundo melhor do mundo pelo Gourmand World Cookbooks Awards, a mais importante premiação de livros de gastronomia do mundo. Vocês podem imaginar o quanto fiquei feliz!

Para este livro, escolhi um tema que, com certeza, não poderia ser mais atual: detoxificação. Nos dias de hoje, a maioria das pessoas está comprometida com a busca de independência financeira e crescimento profissional, porém, essas conquistas também trazem o estresse, a falta de tempo, a ansiedade, a insônia e a hiperatividade. Tudo isso merece atenção, mas aqui vou focar em outra consequência séria: uma alimentação pobre em nutrientes, mas rica em toxinas que prejudicam o funcionamento do organismo e trazem malefícios a curto e longo prazo.

Sabemos que a alimentação é um dos fatores mais importantes para a melhoria e a manutenção da nossa saúde. No entanto, a ocorrência de sobrepeso, obesidade, distúrbios alimentares, alergias, hipertensão, altos índices de colesterol, diabetes e doenças cardiovasculares está cada vez maior na população.

Segundo a Organização Mundial da Saúde (OMS), as doenças crônicas não transmissíveis já são responsáveis por 60 por cento das mortes ocorridas no mundo; infelizmente, no Brasil esse número é ainda maior e chega a 72 por cento. A OMS também acredita que 80 por cento dos problemas prematuros ligados a doenças do coração, AVC e diabetes tipo 2, bem como 40 por cento dos casos de câncer, poderiam ser evitados se as pessoas melhorassem seus hábitos alimentares, não fumassem e praticassem exercício físico com frequência.

Todas essas informações me fazem refletir sobre a nossa alimentação, sobre as escolhas que estamos fazendo e as consequências dessas escolhas para o nosso corpo.

Por isso, a minha intenção neste livro é ajudar as pessoas a se desintoxicar e a ter mais saúde através de uma alimentação saudável e equilibrada, que permaneça por toda a vida.

É importante lembrar que a alimentação vegetariana estrita saudável – aquela que faz uso apenas de alimentos de origem vegetal – pode ser considerada uma desintoxicação natural para o corpo. Optei, então, por oferecer uma opção de desintoxicação sem o consumo de peixes ou ovos, produtos utilizados em outros tipos de detox. Além disso, as receitas deste livro não contêm lactose ou glúten, são ricas em nutrientes e alimentos integrais e são rápidas e fáceis de fazer.

Separei as receitas em sugestões para cada refeição do dia e, em cada uma delas, acrescentei dicas nutricionais importantes e que vão ajudar ainda mais na sua desintoxicação.

Espero que você desfrute ao máximo as minhas dicas e que este livro o ajude de alguma maneira a ter mais saúde através de uma alimentação vegetariana desintoxicante e saudável.

Astrid Pfeiffer

Introdução

Parabéns! Se você está lendo este livro é porque decidiu cuidar um pouco mais de si mesmo e fazer uma detox, que nada mais é do que eliminar da sua alimentação tudo o que faz mal e dar a oportunidade ao seu organismo de se recuperar dos excessos e dos traumas da vida corrida.

Não sabe por onde começar? Fique tranquilo, pois vou explicar tudo o que você precisa saber e guiá-lo pelo meu plano de detox.

O que é detox?

Sem que você perceba, seu corpo trabalha todos os dias para se desintoxicar através de processos biológicos que, se não eliminam completamente as toxinas, pelo menos reduzem seu impacto negativo no organismo.

Normalmente as toxinas têm características lipídicas e são armazenadas no tecido adiposo. Elas precisam sofrer uma transformação em sua estrutura química para se tornarem hidrossolúveis e assim serem eliminadas através da urina, da bile e das fezes.

Todas as células de todos os tecidos fazem a detoxificação dessas substâncias, porém o fígado contém de 60 a 65 por cento das enzimas necessárias para esse processo e o intestino, em torno de 20 por cento.

Como ocorre a intoxicação?

Muitos fatores contribuem para a presença dessas toxinas em nosso organismo, como: má alimentação (açúcares, gorduras saturadas em excesso, produtos industrializados, enlatados, embutidos, alimentos refinados, cafeína, aditivos alimentares – corantes, realçadores de sabor, estimulantes, adoçantes, conservantes, excesso de proteína animal, alimentos com alto potencial alergênico como leite e derivados, soja, glúten), estresse, poluentes do ar, alguns medicamentos, metais tóxicos, pesticidas, agrotóxicos, plásticos, produtos químicos usados em casa, álcool, cigarro, mau funcionamento do intestino, dentre outros.

Como funciona a detox?

Precisamos de dois momentos, duas fases, para que o processo de detoxificação ocorra de maneira eficiente. Nessas duas fases, precisamos de vários nutrientes para nos prepararmos para a fase III, de eliminação. A fase I é um processo de biotransformação, no qual essas substâncias biologicamente ativas são modificadas e expostas para a próxima fase. A fase II é chamada de conjugação, durante a qual os metabólitos intermediários da fase I são transformados em moléculas hidrossolúveis para depois serem eliminados durante a fase III.

Entre a fase I e a II, ocorre a produção de espécies reativas (radicais livres) e metabólitos intermediários mais reativos que a molécula original, por isso a detoxificação não pode ser feita por qualquer pessoa ou em qualquer momento; deve ser feita após a avaliação personalizada de um nutricionista que tenha conhecimento de nutrição funcional, que vai analisar o seu caso e, se preciso, recomendar a suplementação de vitaminas e minerais.

Usualmente, o plano alimentar de uma detoxificação é dividido em dois períodos – A e B – que se intercalam: A, B e A. No período B, o mais restritivo, são retirados quaisquer tipos de carne, os ovos e as oleaginosas.

Porém usei essa divisão aqui, pois a intenção é fazer o livro inteiro com receitas veganas desintoxicantes. Então, o que faço neste livro é retirar os alimentos mais alergênicos da alimentação, deixando apenas alimentos de origem vegetal.

Sempre é bom lembrar que o parecer da American Dietetic Association é de que "dietas vegetarianas apropriadamente planejadas, incluindo dietas veganas, são saudáveis, nutricionalmente adequadas, e podem promover benefícios à saúde na prevenção e tratamento de certas doenças. Dietas vegetarianas bem planejadas são apropriadas durante todos os estágios da vida, incluindo gravidez, lactação, infância, idade escolar e adolescência e também para atletas".

Por que fazer a detox?

A detox ajuda a dar o suporte necessário para que os sistemas de detoxificação naturais do organismo sejam estimulados e assim limpem o organismo das substâncias tóxicas.

Para quem não tem nenhuma intolerância diagnosticada, a reintrodução dos alimentos excluídos, principalmente dos alergênicos, deve ser feita com cautela, pois o organismo fica extremamente sensível.

Detox comerciais

A detox ficou tão conhecida que virou certo modismo. Com isso, muitas pessoas aderiram a tipos de detox extremamente severos, na maioria dos casos com muitas restrições alimentares ou apenas à base de líquidos, sem contar com a orientação e supervisão de profissionais qualificados. Esse tipo de "detox" era feito por períodos de curta duração, mas apresentava muitos malefícios, principalmente por não possuir uma adequada combinação de nutrientes e muitas vezes causar deficiências nutricionais.

Minha sugestão de detox

O objetivo deste livro é ajudar as pessoas a terem mais saúde, a limparem seu organismo através de uma alimentação saudável, a terem mais consciência do que estão comendo e colocando para dentro do seu corpo e a conhecerem os resultados benéficos que uma alimentação livre de toxinas nos traz.

A ideia é promover uma alimentação natural e saudável em nosso dia a dia, o que por si só já configura uma detox, e não usar a detox como um meio desesperado para emagrecer rapidamente após os excessos e abusos cometidos nos momentos de ansiedade, alegria, tristeza ou quaisquer emoções afloradas.

Quero chamar a atenção das pessoas e fazer com que elas experimentem a alimentação que proponho aqui por, no mínimo, 6 dias, demonstrando que a melhor detox é uma alimentação equilibrada e saudável. Mesmo quem come carne pode se beneficiar de um período detox com a alimentação vegana que apresento aqui.

Já sabemos que o nosso corpo é formado por trilhões de células e cada uma delas depende de determinados nutrientes para o seu pleno funcionamento. Está mais do que clara a importância da nutrição para o ser humano, levando em conta a sua individualidade bioquímica, bem como a biodisponibilidade dos nutrientes e seus efeitos benéficos para o nosso corpo.

Vamos começar?

Como utilizar este livro

Como o objetivo deste livro é oferecer uma boa alimentação e consequentemente desintoxicar o corpo para ter mais saúde, o ideal é que você prepare estas receitas continuamente, e não apenas por um período determinado. Mas é claro que, se você está muito intoxicado, primeiro deve fazer uma detox para depois seguir com uma alimentação saudável.

Você poderá fazer aleatoriamente as receitas do livro em seu dia, como pode também seguir o cardápio de 10 dias de detox, lembrando que minhas sugestões e receitas não substituem o acompanhamento com um profissional da saúde.

Sobre as receitas

Aqui você encontra desde sucos, saladas, patês e sopas até pratos principais e sobremesas, todos de origem vegetal e sem glúten. Este livro está dividido em capítulos inspirados pelas refeições do nosso dia a dia: café da manhã, lanche da manhã, almoço, lanche da tarde, jantar e ceia. Em várias receitas, faço sugestões de substituição de ingredientes ou dou dicas para facilitar o preparo, tudo para tornar as receitas ainda mais acessíveis, saudáveis, rápidas e nutritivas.

As medidas são as caseiras (xícaras e colheres) para que ficasse mais fácil de serem seguidas com os medidores padrão. Porém, ainda pode ocorrer alguma diferença no resultado final da receita por causa dos utensílios e até do tipo de fogão e forno que você tem em casa. Sendo assim, indiquei o peso dos principais ingredientes para que tudo fique bem próximo do que testei e desenvolvi. Multiplique ou divida os ingredientes de acordo com sua necessidade e quantidade de pessoas.

Em todas as preparações, destaquei as informações nutricionais do principal alimento da receita, para que você saiba mais sobre os benefícios funcionais do alimento que está consumindo.

Plano detox para 10 dias

Montei um cardápio para ajudá-lo a compor seu dia com as receitas saudáveis do livro e ajudar a desintoxicar seu organismo. Cada pessoa necessita de uma quantidade de nutrientes diferente, por isso quero deixar bem claro que estas receitas são apenas sugestões para você ter mais qualidade e opções para se alimentar de forma correta e saudável e não substituem o acompanhamento de um nutricionista, que é o profissional qualificado para ajudá-lo em relação às suas necessidades.

A não contagem de calorias

Estou falando de nutrição e para isso devemos pensar em nutrientes, não em calorias. Para um exemplo bem simples: 100 calorias de uma porção de batata frita são as mesmas 100 calorias de uma tigela de açaí, mas a função do alimento, a atuação dele no organismo e seus benefícios são completamente diferentes. A batata frita não é um alimento saudável e carrega vários malefícios; já o açaí é uma das frutas mais antioxidantes que existem e muito benéfica para o corpo.

Esse raciocínio pode parecer óbvio e simples, porque são dois alimentos muito contrastantes, mas no dia a dia muitas pessoas não percebem de verdade o que estão comendo e acabam consumindo poucos nutrientes e muitos alimentos não saudáveis e calóricos. Com o passar do tempo, a pessoa começa a engordar e sofrer com o desequilíbrio nutricional, o que leva a inflamação, falta de nutrientes, fadiga, estresse, entre outros problemas. Em muitos casos, esse quadro pode levar a pessoa a optar por uma dieta radical e perigosa.

Por isso, este é o meu objetivo: saúde com nutrientes, e não dietas com calorias.

Plano detox

	1º dia	2º dia	3º dia	4º dia
manhã	Suco detox 44 Waffle de aveia e coco 39	Mingau de banana com cereais 38	Spicy smoothie 42	Leite de inhame 20 Pão de fôrma integral sem glúten 28 Pesto de salsinha 31
lanche da manhã	Mix de sementes 51	Barrinha de castanhas e banana 48	Palito integral 50	Água aromatizada 22
almoço	Cole slaw de repolho roxo e manga no pote 72 Sushi vegano 64	Fettuccine raw de pupunha com concassé de tomate e ervas 67 Ravióli de chia com abóbora 69	Carpaccio de manga verde com caponata de casca de banana verde 82 Tortinha de cogumelo 93	Cole slaw de repolho roxo e manga no pote 72 Quinoa colorida 70
lanche da tarde	Chips de banana verde 102	Snack de grão-de-bico 117	Shake proteico de manga 110	Docinho de tâmara e nozes 105
jantar	Pizza de berinjela com legumes 132	Sopa de alho-poró 139	Mexido de tofu com legumes 124	Enroladinho de couve 128
ceia	Chai latte 153	Chá de maracujá com camomila 150	Leite boa-noite 154	Chá de laranja, gengibre e canela 149

5º dia	6º dia	7º dia	8º dia	9º dia	10º dia
Muesli com passas e maçã 36	Waffle de aveia e coco 39 Manteiga de painço com ervas 40	Spicy smoothie 42	Iogurte de coco 34 Geleia de frutas vermelhas sem adição de açúcar 32	Pão de fôrma integral sem glúten 28 Requeijão de castanha de caju fermentado 35	Suco vitamina C 41
Gelatina de ágar-ágar 52	Pool antioxidante 56	Panqueca proteica 59 Creme de avelã e cacau 60	Palito integral 50 Biomassa de banana verde 23	Pudim de chia 55	Panqueca proteica 59
Salada de alcachofra com molho de mostarda 73 Lentilha com especiarias 75	Salada de quinoa com cogumelos e abóbora 66 Bobó de palmito 94	Carpaccio de manga verde com caponata de casca de banana verde 82 Paella de grão--de-bico 80	Salada de quinoa com cogumelos e abóbora 66 Feijão-branco com abóbora 86	Salada de alcachofra com molho de mostarda 73 Almôndegas de tofu 90	Fettuccine raw de pupunha com concassé de tomate e ervas 67 Estrogonofe de cogumelos 89
Sorvete de abacate com cardamomo 106	Tortinha de alfarroba com coco 101	Tortinha de amêndoas com frutas vermelhas 109	Chocolate amargo com pistache e frutas secas 98	Picolé de frutas com água de coco 113	Bolinhas de maracujá com banana 114
Sopa de legumes detox 136	Falafel 123	Tomate recheado com quinoa e legumes 135	Sopa de batata com couve 143	Bolinho de abobrinha com mandioquinha 120	Bolinho de feijão 131
Chá de hibisco com rosas mistas 149	Chá de melissa com erva-cidreira 150	Chai latte 153	Chá de jasmim com cranberry 150	Chocolate quente 157	Chá de abacaxi com anis--estrelado 149

Receitas básicas

Água aromatizada 22

Azeite temperado 24

Biomassa de banana verde 23

Leite de amêndoas 19

Leite de coco 21

Leite de inhame 20

Rejuvelac 18

Sal de ervas 25

3 xícaras

20 minutos, mais o tempo de fermentação

Rejuvelac

½ xícara de quinoa lavada (120 g)
3 xícaras de água filtrada (720 ml)

1 Coloque a quinoa em um recipiente de vidro e cubra com água filtrada. Tampe com um tecido de voal e amarre com um elástico. Deixe em repouso por 8 a 12 horas. Passado esse tempo, escorra e descarte a água.

2 No mesmo recipiente, adicione um pouco de água filtrada só para umedecer os grãos (não os deixe submersos). Coloque em local quente, mas distante da luz do sol. Deixe por 1 a 2 dias até que os grãos germinem, lavando-os 2 vezes ao dia.

3 Depois de 1 ou 2 dias, adicione as 3 xícaras de água filtrada e cubra novamente o recipiente com o voal. Deixe fermentar por 1 a 3 dias, dependendo da temperatura ambiente. No calor, a fermentação é mais rápida.

4 O rejuvelac estará pronto quando sua aparência for de um líquido branco quase opaco e seu sabor lembrar o de suco de limão. Coe o líquido e guarde-o na geladeira por até 2 semanas.

Saiba mais

O rejuvelac é uma bebida probiótica com elevado teor de enzimas e micro-organismos obtidos pela fermentação. Pode ser feito a partir de qualquer cereal integral e orgânico e é um dos principais ingredientes na confecção de queijos vegetais de qualidade. O rejuvelac não pode ter cheiro pútrido; caso isso ocorra, descarte tudo. Você pode repetir mais uma vez o processo com os mesmos grãos ou descartá-los.

Leite de
amêndoas

3 xícaras

15 minutos

1 xícara de amêndoas (155 g)
3 xícaras de água (720 ml)

Sugestões

Use o resíduo como
ricota e tempere
a gosto.

1 Deixe as amêndoas de molho de 8 a 12 horas. Escorra e descarte
a água.

2 Coloque as amêndoas no liquidificador, junte metade da água
e bata. Quando estiverem bem trituradas, acrescente o restante
da água – esse truque faz com que as amêndoas fiquem mais
trituradas. Coe com um coador de pano, reservando o **resíduo**
e guarde em geladeira por até 3 dias.

4 xícaras
10 minutos

Leite de *inhame*

Sugestões
Use o **resíduo** que sobrou para fazer patês ou engrossar sopas.

3 inhames grandes (450 g)
4 xícaras de água (960 ml)

Deixe de molho o inhame na água por 8 horas. Jogue a água fora e bata com água nova. Coe o leite obtido em um voal de duas a três vezes para que ele fique sem **resíduo**. Guarde na geladeira.

Saiba mais
O inhame contém um fito-hormônio muito importante chamado diosgenina, que pode ser convertido no organismo humano em estrogênio, que é usado como auxiliar no tratamento de mulheres em menopausa para ajudar no controle hormonal e atenuar os sintomas de fogacho (calorões).

Leite de *coco*

4 xícaras

1 hora

250 g de **coco** em pedaços
3½ xícaras de água quente (840 ml)

1 Bata todos os ingredientes no liquidificador e coe em um voal ou coador de pano.

2 Aproveite a polpa para fazer vitaminas e smoothies ou transforme em farinha de coco; basta espalhar em uma assadeira e levar ao forno baixo até secar. Guarde em recipiente bem fechado.

Sugestões

O coco contém gordura saturada, porém é uma gordura de ótima qualidade, que ajuda a aumentar o HDL, o bom colesterol, fornece energia imediata para o corpo, ajuda a reduzir inflamações e a gordura abdominal. Quando abrir o coco, prove-o. Se a polpa estiver amarelada e o sabor ruim, quer dizer que passou do ponto; nesse caso, descarte.

1 litro
10 minutos

Água aromatizada

Sugestões

Este mix de frutas com especiaria é extremamente rico em nutrientes que agem como protetores das células, com ação antioxidante. Mas cuidado para não colocar em maior quantidade o limão e a canela, pois a canela é forte e o limão pode amargar a água.

A **romã** contém os ácidos gálico, elágico e protocatequínico, que previnem contra o câncer e o envelhecimento precoce e regulam a glicemia (açúcar no sangue). Escolha uma fruta madura, para que as sementes estejam bem vermelhas e suculentas. Separe as sementes com as mãos para que saiam inteiras, preservando o suco.

1 litro de água filtrada
½ **romã** média (140 g)
¼ de maçã vermelha média (55 g)
2 rodelas pequenas de **limão** (20 g)
1 cacho pequeno de uva roxa sem caroço (100 g)
1 ramo de hortelã fresca, com o talo (5 g)
3 paus pequenos de **canela** (15 g)

Lave todas as frutas e a hortelã. Separe as sementes da romã e retire o miolo e as sementes da maçã. Coloque todos os ingredientes em uma jarra e deixe por algumas horas até pegar o gosto. Retire as frutas (elas podem ser consumidas) e tome toda a água durante o dia.

22 • *Detox dia a dia*

Biomassa de *banana verde*

2 xícaras
30 minutos

10 **bananas verdes** orgânicas (1 kg), de preferência bananas-nanicas

1. Corte os talinhos de todas as bananas. Lave-as com uma escovinha e coloque na panela de pressão, cobrindo-as com água.
2. Cozinhe por 10 minutos, contados após a panela começar a chiar. Desligue e deixe por mais 10 minutos, ou até todo o vapor sair naturalmente. Retire as bananas da panela com cuidado, porque estarão bem quentes.
3. Abra as bananas, retire a polpa e coloque no processador. Bata até obter uma massa lisa.
4. Guarde na geladeira o que vai usar em breve e congele o restante em pequenas porções.

Sugestões

A **banana verde** é um prebiótico – composto que estimula o crescimento de bactérias benéficas no intestino grosso, como as bifidobactérias e os lactobacilos. Podem reduzir os níveis de colesterol, além de melhorar o funcionamento intestinal. Procure comprar a fruta bem verde para que a biomassa fique clarinha.

Receitas básicas • 23

½ xícara
15 minutos

Azeite
temperado

Sugestões

Se não quiser muito picante, retire as sementes da pimenta.

No lugar do alecrim, você pode utilizar outras ervas, como tomilho ou manjericão, mas certifique-se de que estejam bem secas.

Quanto menor a acidez do azeite, maior a sua concentração de nutrientes (compostos fenólicos). O azeite contém fitoesteróis, que competem com os receptores de colesterol, auxiliando a reduzir a sua absorção. Ao ser temperado, o azeite, perde menos antioxidantes durante o armazenamento.

1 **pimenta** dedo-de-moça média (4 g)
1 ramo médio de **alecrim** (2 g)
½ xícara de **azeite** de oliva extra virgem (120 ml)
1 dente de alho grande (5 g)

1 Lave e seque bem a pimenta e o alecrim. Corte o cabinho da pimenta de modo que fique um furinho na base e faça um corte fino apenas em uma das laterais.
2 Coloque o azeite em um vidro comprido. Acrescente a pimenta inteira e o ramo de alecrim; eles devem ficar imersos no azeite.
3 Descasque o alho e fatie em lascas finas. Aqueça o alho numa frigideira rapidamente, sem deixar que mude de cor ou doure, para não perder as propriedades nutricionais; a ideia é apenas retirar a umidade para não deteriorar o azeite. Em seguida, coloque-o no vidro. Tampe e guarde na geladeira para conservar por mais tempo.

Sal de *ervas*

4 colheres (sopa)

5 minutos

¼ de colher (chá) de manjericão desidratado
¼ de colher (chá) de alga desidratada
¼ de colher (chá) de alecrim desidratado
¼ de colher (chá) de tomilho desidratado
¼ de colher (chá) de cebolinha desidratada
¼ de colher (chá) de sálvia desidratada
¼ de colher (chá) de manjerona desidratada
¼ de colher (chá) de salsinha desidratada
2 colheres (sopa) de alho desidratado (10 g)
2 colheres (sopa) de cebola desidratada (8 g)
2 colheres (sopa) de alho-poró desidratado (4 g)

Coloque todos os ingredientes no liquidificador e bata até obter um pó. Guarde este sal de ervas em recipiente bem fechado.

Sugestões

Use este sal de ervas como substituto do sal comum ou para dar mais sabor e aroma a pratos como arroz, feijão, sopas e risotos. A partir desta receita, faça a combinação de ervas que preferir.

Receitas básicas

Café da manhã

Geleia de frutas vermelhas sem adição de açúcar 32

Iogurte de coco 34

Manteiga de painço com ervas 40

Mingau de banana com cereais 38

Muesli com passas e maçã 36

Pão de fôrma integral sem glúten 28

Pesto de salsinha 31

Requeijão de castanha de caju fermentado 35

Spicy smoothie 42

Suco detox 44

Suco vitamina C 41

Waffle de aveia e coco 39

1 pão

30 minutos, mais o tempo de fermentar, crescer e assar

Pão de
fôrma integral
sem glúten

1 ½ xícara de leite vegetal: soja uso culinário, arroz ou amêndoa (360 ml)

2 ¼ colheres (chá) de fermento biológico seco instantâneo (1 sachê)

2 colheres (chá) de açúcar mascavo (10 g)

1 xícara de farinha de sorgo ou de arroz integral (160 g)

¾ de xícara de fécula de mandioca (90 g)

½ xícara de farinha de painço (80 g)

½ xícara de farinha de aveia sem glúten (40 g)

¼ de xícara de fécula de araruta (30 g)

2 colheres (sopa) de psyllium (10 g)

1 colher (chá) de goma xantana (2 g)

1 colher (chá) de sal do Himalaia

½ colher (chá) de fermento químico em pó (2 g)

½ colher (chá) de bicarbonato de sódio (2 g)

½ xícara de batata cozida amassada (150 g)

3 colheres (sopa) de azeite (45 ml)

1 colher (chá) de vinagre de maçã (5 ml)

1 colher (sopa) de sementes de gergelim integral, girassol ou abóbora (10 g)

1 Forre uma fôrma de pão de 21 x 11 x 7 cm com papel antiaderente untado com azeite.

2 Em uma tigela, misture o leite vegetal, o fermento biológico e o açúcar mascavo e reserve por cerca de 10 minutos, até que o fermento espume.

3 Enquanto isso, misture a farinha de sorgo, a fécula de mandioca, a farinha de painço, a farinha de aveia, a araruta, o psyllium, a goma xantana, o sal, o fermento químico e o bicarbonato em uma tigela grande até homogeneizar. Reserve.

4 Verifique se o fermento foi acionado na tigela reservada. Adicione a batata amassada, o azeite e o vinagre de maçã e misture bem com o fouet. Reserve por 5 minutos.

28 • *Detox dia a dia*

5 Despeje os ingredientes líquidos na tigela dos secos e misture com a colher de pau para incorporá-los. Unte as mãos com azeite, se preferir manusear a massa. Transfira a massa para a fôrma de pão preparada. Espalhe a massa com uma colher, nivelando-a. Espalhe as sementes de gergelim e deixe crescer por cerca de 45 minutos num local quente, coberta com um pano, até que ultrapasse a altura da fôrma.

6 Preaqueça o forno a 190 °C. Asse por 1 hora no centro do forno, com uma vasilha de água em outra grade, para umidificar o forno. Deixe amornar e retire da fôrma assim que for possível, colocando sobre uma grade até esfriar totalmente. Este pão pode ser conservado por 1 semana na geladeira, ou congelado por 3 meses. Ao degelar, uma opção é fatiar e tostar antes de servir.

Saiba mais

Este pão foi elaborado com fibras alimentares variadas, que atuam no trato gastrintestinal. Elas são "comida" para as bactérias benéficas do intestino grosso, pois proporcionam melhor absorção dos nutrientes, evitam o pico glicêmico, ajudam na saciedade e até na prevenção de algumas doenças, como câncer, diabetes e diverticulite.

Saiba mais
A salsinha é um excelente diurético natural, ótima para ajudar o organismo a evitar a retenção de líquido.

Pesto de
salsinha

1 xícara (240 ml)

10 minutos

½ xícara de **nozes** (50 g)

½ xícara de azeite (120 ml)

2 maços médios de salsinha, só as folhas (70 g)

½ colher (chá) de sal (2 g)

Triture bem as nozes no liquidificador. Acrescente o azeite, a salsinha e o sal. Transfira o **pesto** para um pote com fecho hermético e guarde na geladeira.

Sugestões

Use nozes frescas para não ficar com gosto de ranço ou amargo.

Este pesto também pode ser usado como patê ou molho, sobre saladas de folhas ou legumes assados.

Café da manhã • 31

2 xícaras (480 ml)

1 hora

Geleia de
frutas vermelhas
sem adição de açúcar

Sugestões

Procure usar frutas bem maduras para ficar mais doce. Experimente-as antes de comprar; você vai descobrir que a amora nacional é mais doce do que a importada, por exemplo.

A cereja dá um sabor todo especial a esta geleia, mas você pode usar a combinação de frutas que desejar; basta manter a proporção de 700 g de fruta para 300 ml de suco de uva.

A pectina age como espessante; se preferir mais consistente, dobre a quantidade.

Lave os frascos com sabão neutro e enxágue com água quente. Forre uma das grelhas do forno com um pano limpo e deite os frascos um ao lado do outro. Aqueça-os a 110 °C por 30 minutos pouco antes de usar, pois devem estar quentes na hora em que forem enchidos.

8 tâmaras médias sem caroço (55 g)

1 ¼ xícara de suco de uva integral sem adição de açúcar (300 ml)

2 xícaras de morango fresco (300 g)

1 xícara de framboesa fresca (125 g)

1 xícara de **amora** nacional fresca (100 g)

1 xícara de **cereja** sem caroço (140 g)

½ colher (chá) de **pectina** em pó (2 g)

Bata no liquidificador as tâmaras com o suco de uva e transfira para uma panela. Junte as frutas frescas lavadas e leve ao fogo médio. Espere ferver, reduza o fogo e cozinhe por aproximadamente 45 minutos, mexendo de vez em quando para não grudar no fundo da panela. Nos últimos 10 minutos, acrescente a pectina para obter a consistência de geleia. Desligue o fogo e coloque em **frascos** esterilizados, cuidando para não deixar bolinhas de ar. Guarde na geladeira.

Saiba mais

As frutas vermelhas são extremamente ricas em antioxidantes, substâncias que protegem nossas células. Nesta combinação, esses compostos bioativos atuam como anti-inflamatórios e na prevenção de doenças cardiovasculares.

8 porções

30 minutos, mais o
tempo de fermentação

Iogurte de
coco

1 coco maduro (cerca de 600 g)
3 xícaras de água de coco (720 ml)
3 xícaras de água filtrada (720 ml)
2 colheres (sopa) de fécula de araruta ou de mandioca (30 g)
2 colheres (sopa) de açúcar mascavo claro (30 g)
1 sachê de fermento para iogurte (400 mg) ou 2 cápsulas de probiótico
   acidophilus

1 Esterilize um frasco de conserva (ver pág. 32) e reserve.
2 Faça 3 furos no alto do coco, retire a água e reserve. Coloque o coco numa tábua e envolva-o em um pano; com cuidado, quebre-o ao meio com o martelo. Envolva uma das metades em um saco plástico limpo e quebre em pedaços menores. Faça o mesmo com a outra metade. Retire a polpa com uma faca sem ponta, removendo a casca rígida.
3 Coloque metade da polpa no liquidificador junto com a água de coco e a água filtrada. Bata até ficar homogêneo. Aos poucos, adicione o restante do coco e mais água, se preciso.
4 Passe num voal ou peneira fina para reter a polpa e extrair todo o líquido; você vai precisar de 4 xícaras. Conserve o restante na geladeira por até 3 dias.
5 Numa tigela, misture $1/2$ xícara do leite de coco com a fécula de araruta. Reserve.
6 Leve o restante do leite de coco ao fogo médio. Junte a mistura de leite de coco com fécula, deixe ferver e cozinhe até engrossar. Retire do fogo e passe para uma tigela. Deixe esfriar até ficar morna ao toque (cerca de 35 ºC). Adicione o açúcar e o fermento e misture bem. Transfira para o frasco esterilizado e tampe.
7 Preaqueça o forno em temperatura baixa por 5 minutos e desligue. Leve o frasco com iogurte ao forno (desligado, mas fechado) e deixe fermentar por 12 a 24 horas. Deixe a luz acesa para manter a temperatura regulada.
8 Depois de gelado, ficará mais consistente. Conserva-se até 7 dias.

34 • *Detox dia a dia*

Requeijão de
castanha de caju
fermentado

8 porções

30 minutos, mais o tempo de fermentação

2 xícaras de **castanhas de caju** cruas e sem sal demolhadas e escorridas (250 g)

¾ de xícara de **rejuvelac** (180 ml; ver pág. 18)

¼ de colher (chá) de sal do Himalaia

1 colher (sopa) de ágar-ágar em pó (8 g)

¾ de xícara de água filtrada (180 ml)

1 colher (sopa) de fécula de araruta ou de mandioca (15 g) diluída em 2 colheres (sopa) de água filtrada (30 ml)

1 colher (chá) de goma xantana (2 g)

1 Coloque no liquidificador as castanhas de caju, o rejuvelac e o sal e bata bem. Pare algumas vezes para raspar as laterais do copo, se necessário. Continue batendo até ficar homogêneo e cremoso.

2 Coloque em um recipiente de vidro e deixe fermentar em temperatura ambiente por 8 a 12 horas, até que seu sabor lembre levemente o azedo de queijo.

3 Com o queijo pronto, coloque o ágar-ágar e a água filtrada numa panela e deixe descansar por 10 minutos fora do fogo. Adicione a fécula de araruta e misture bem. Leve à fervura em fogo médio até que o ágar-ágar esteja dissolvido e a fécula incorporada.

4 Bata no liquidificador junto com o queijo e a goma xantana. Se preciso, adicione um pouco mais de água, para dar o ponto cremoso do requeijão. Acerte o sal. Coloque num frasco de vidro fechado e guarde na geladeira por até 7 dias.

Sugestões

Deixe as castanhas de caju de molho em água filtrada por 8 horas antes de usar.

Como alternativa ao rejuvelac, utilize 1 cápsula de probiótico *acidophilus* em pó com ¾ de xícara de água e siga os passos seguintes.

Saiba mais

A castanha de caju é rica em selênio e em zinco, importantes para fortalecer o sistema imunológico, eliminar metais tóxicos e cicatrizar.

Café da manhã • 35

1 porção

5 minutos, mais o tempo de geladeira

Muesli com
passas e maçã

Sugestões

Rale a maçã só na hora de preparar o prato para que ela não escureça, ou coloque gotas de limão para mantê-la clarinha.

1 xícara de leite de inhame (240 ml, ver pág. 20)

5 colheres (sopa) de aveia em flocos sem glúten (40 g)

1 colher (sopa) de uvas-passas brancas (15 g)

1 colher (sopa) de uvas-passas pretas (15 g)

½ **maçã** média com casca, sem sementes e sem cabinho (70 g)

1 colher (sopa) de avelã picada (14 g)

1 colher (chá) de sementes de abóbora tostadas sem sal (4 g)

Coloque o leite, a aveia e as uvas-passas num prato fundo, misture e deixe na geladeira da noite para a manhã seguinte. Quando retirar da geladeira, rale a maçã e distribua por cima a avelã e as sementes de abóbora. Consuma em seguida.

Saiba mais

Um dos principais componentes da aveia é a betaglucana, fibra que ajuda a diminuir a absorção do colesterol. Auxilia também a melhorar o funcionamento intestinal e a controlar a glicemia (taxa de açúcar no sangue), evitando picos glicêmicos.

1 porção
15 minutos

Mingau de banana
com cereais

Sugestões
Quanto mais tempo deixar no fogo, mais o *mingau* vai engrossar; você poderá escolher a consistência que preferir.

1 banana média (125 g)
1 xícara de leite de arroz com amêndoas (240 ml)
2 colheres (sopa) de amaranto em flocos (15 g)
1 colher (sopa) de quinoa em flocos (10 g)
2 colheres (sopa) de uvas-passas pretas e brancas (25 g)
1 colher (sopa) de lascas de amêndoas (10 g)
¼ de colher (chá) de canela em pó (1 g)

1. Descasque a banana e corte em rodelas finas.
2. Coloque em uma panela o leite, o amaranto, a quinoa, a banana e as uvas-passas. Deixe aquecer até ficar na consistência de **mingau**.
3. Desligue e acrescente as lascas de amêndoas. Polvilhe a canela por cima. Sirva ainda quente.

Saiba mais
Entre os cereais integrais, a quinoa e o amaranto são os mais ricos em proteína do grupo. São tão ricos nesse nutriente que são comparados aos alimentos vegetais mais proteicos que temos: as leguminosas (feijão, lentilha, grão-de-bico).

38 • Detox dia a dia

Waffle de *aveia e coco*

2 unidades
10 minutos

1 **fava** de baunilha
5 colheres (sopa) de farinha de arroz integral (50 g)
4 colheres (sopa) de aveia em flocos (30 g)
3 colheres (sopa) de farinha de coco (20 g)
²⁄₃ de xícara de leite de arroz com amêndoas (160 ml)
3 colheres (sopa) de **óleo de coco** (45 ml)

1. Corte a fava de baunilha ao meio no sentido do comprimento e raspe as sementes com a ponta da faca. Transfira para o liquidificador.
2. Junte os demais ingredientes e bata até obter uma massa consistente.
3. Com uma colher, coloque a massa nas forminhas de waffle. Cozinhe no fogo baixo (para não queimar a massa) até dourar.

Sugestões

O **óleo de coco** pode ser encontrado em lojas de produtos naturais. Se o óleo estiver solidificado, aqueça ligeiramente para que derreta antes de medir e usar na receita.

A **fava** aberta pode ser utilizada para aromatizar o leite ou para fazer chá, basta fervê-la por alguns minutos com o líquido escolhido.

Saiba mais

O mix de farinhas desta receita é excelente, pois são integrais e sem glúten. Suas fibras evitam o rápido aumento do açúcar no sangue (índice glicêmico), além de dar saciedade e ajudar no funcionamento intestinal. Para turbinar ainda mais os nutrientes, você pode acrescentar chia.

Café da manhã • 39

8 porções

1h20

Manteiga de
painço
com ervas

Sugestões

Deixe as castanhas de caju de molho em água filtrada por 8 horas antes de usar.

Para fazer o alho confitado, corte o topo de 4 cabeças de alho, mantendo os dentes intactos. Coloque em uma assadeira pequena e regue com ½ xícara de azeite. Distribua 4 ramos de tomilho fresco por cima e tempere com um pouco de sal rosa do Himalaia. Cubra a assadeira com papel-alumínio e asse por 30 a 40 minutos a 180 °C. Conserve, submerso em azeite, por até 2 semanas.

Use as ervas mais frescas que encontrar: cebolinha, coentro, manjericão ou salsinha são ótimas pedidas. As ervas frescas são excelentes para dar sabor à comida, substituindo o sal, o açúcar ou a gordura. Elas contêm substâncias protetoras (fitoquímicos), e cada uma delas possui uma função específica. Podem recuperar lesões nas mucosas gástrica e intestinal, ajudar no processo digestivo, além de agirem como anti-inflamatórios, antimicrobianos, carminativos (gases) e antifúngicos.

½ xícara de painço sem casca (100 g)

1 ¾ xícara de água filtrada (420 ml)

½ colher (chá) de sal do Himalaia

¼ de xícara de azeite (60 ml)

¼ de xícara de **castanhas de caju** escorridas (65 g)

6 dentes de **alho confitado** (15 g)

1 colher (chá) de suco de limão (5 ml)

¼ de xícara de **ervas** frescas picadas (10 g)

uma pitada de pimenta-do-reino moída

1 Lave o painço e escorra na peneira. Toste levemente os grãos em uma panela, mexendo sem parar por cerca de 3 minutos. Adicione $1^1/_2$ xícara da água e o sal e leve à fervura. Reduza o fogo, tampe e cozinhe em fogo baixo por 10 a 12 minutos, ou até que a água seja absorvida.

2 Retire do fogo e deixe descansar, tampado, por 5 minutos. Coloque o painço no processador com o azeite, as castanhas de caju, o alho, o suco de limão, o restante da água filtrada, as ervas frescas e a pimenta-do-reino. Processe até obter um creme homogêneo. Ajuste o sal. Deixe esfriar e sirva com torradinhas ou pão sem glúten.

3 Guarde na geladeira por até 3 dias. Se ficar muito firme, junte um pouco de água ou azeite.

Saiba mais

O painço é um cereal com um perfil nutricional excelente. Possui uma boa quantidade de triptofano (auxilia na produção de serotonina – neurotransmissor responsável pela sensação de bem-estar), baixo teor de gordura, boa concentração de carboidratos, fibras e é rico em proteína vegetal.

Suco *vitamina C*

3 xícaras (720 ml)
5 minutos

2 **laranjas** médias (400 g)
3 **tangerinas** médias (500 g)
2 **kiwis** grandes (280 g)
2 xícaras de **acerola** (250 g)

Esprema o suco das laranjas e das tangerinas. Descasque os kiwis e lave as acerolas. Bata os dois tipos de suco e as frutas no liquidificador. Coe com um voal.

Sugestões
Compre frutas maduras para ficar mais doce e saboroso.

Saiba mais
A vitamina C é excelente antioxidante, agindo também como anti-inflamatório e antialérgico. Fortalece o sistema imunológico, proporciona energia e auxilia na cicatrização.

Café da manhã • 41

3½ xícaras
5 minutos

Spicy
smoothie

Sugestões

As especiarias são fortes, por isso coloque-as aos poucos e vá experimentando. Se desejar, pode até acrescentar mais, para obter um sabor mais pronunciado.

2 bananas grandes (300 g)
1 maçã média com casca, sem sementes e sem cabinho (160 g)
1 pedaço pequeno de **gengibre** (2 g)
½ colher (chá) de **canela** em pó (2 g)
¼ de colher (chá) de **cravo** em pó
¼ de colher (chá) de **noz-moscada** em pó
2 xícaras de água (480 ml)

Coloque todos os ingredientes no liquidificador e bata bem até obter um creme consistente. Se quiser, aqueça levemente em fogo baixo ou no micro-ondas por alguns segundos.

Saiba mais

Especiarias picantes como estas trazem muitos benefícios à saúde. Na medicina indiana – conhecida como aiurveda –, são usadas para ativar o metabolismo e aliviar náuseas e enjoos. São excelentes digestivos, anti-inflamatórios e antibacterianos.

2 xícaras (480 ml)

5 minutos

Suco
detox

Sugestões

Pode usar outra fruta, se desejar, mas dê preferência às orgânicas. Quanto mais maduro estiver o abacaxi, mais doce o suco ficará. Aproveite a casca para fazer um chá, fervendo com água por 15 minutos. Fica uma delícia.

Usei bastante menta para sentir o gosto mais forte e refrescante, mas coloque aos poucos e experimente antes de acrescentar mais.

3 fatias médias de **abacaxi** sem casca bem maduro (230 g)

2 folhas médias de couve (35 g)

4 ramos médios de **menta**, só as folhas

1 talo pequeno de salsão (35 g)

½ pepino médio (120 g)

½ caixinha de brotos de alfafa (80 g)

1 ¼ xícara de água (300 ml)

1 colher (sopa) de suco de limão-siciliano (15 ml)

1 pedaço pequeno de gengibre (2 g)

½ colher (chá) de espirulina (1 g)

maca em pó a gosto, opcional

Coloque todos os ingredientes no liquidificador e bata bem. Se desejar, coe num coador de voal ou um retalho de tecido fininho para ficar mais homogêneo; a polpa que sobrar pode ser utilizada em massas de pães ou pratos salgados. Tome em seguida.

Saiba mais

Clorofila é o nome que se dá ao pigmento responsável pela cor verde das plantas. A clorofila age como antioxidante e quimiopreventivo, além de ajudar no funcionamento intestinal.

Lanche da manhã

Barrinha de castanhas e banana 48

Creme de avelã e cacau 60

Gelatina de ágar-ágar 52

Mix de sementes 51

Palito integral 50

Panqueca proteica 59

Pool antioxidante 56

Pudim de chia 55

Barrinha de
castanhas e banana

9 barrinhas
20 minutos

Sugestões

As castanhas podem ser substituídas por outras oleaginosas torradas sem sal, como amêndoas.

1 ½ colher (sopa) de **castanhas-do-pará** (20 g)
2 colheres (sopa) de **castanhas de caju** sem sal (30 g)
1 pacote de bananada sem adição de açúcar (200 g)
2 colheres (sopa) de chia (20 g)

1 Corte as castanhas-do-pará em pedaços grandes e as castanhas de caju apenas ao meio, para manter seu formato, mas deixá-las mais finas.
2 Corte a bananada em pedaços pequenos e coloque em uma tigela. Aqueça no micro-ondas por 1 ou 2 minutos, no máximo, para amolecer apenas o suficiente para manuseá-la como uma massa.
3 Em seguida, junte os demais ingredientes à tigela e amasse com as mãos até que todos fiquem bem integrados.
4 Transfira essa massa para uma fôrma de vidro e abra com as mãos umedecidas. Corte as barrinhas no tamanho que desejar.

Saiba mais

A banana contém minerais que auxiliam no ganho de massa muscular. Além de conter alto teor de carboidrato e baixa quantidade de gordura, é rica em potássio, mineral que contribui para o controle da pressão arterial e ajuda no metabolismo da contração muscular.

10 a 12 unidades

45 minutos

Palito
integral

½ xícara de proteína de arroz ou de ervilha sem sabor (80 g)

½ xícara de quinoa cozida (45 g)

⅓ de xícara de amêndoas torradas e picadas (50 g)

⅓ de xícara de farinha de aveia sem glúten (45 g)

¼ de xícara de chia (35 g)

¼ de xícara de amaranto em flocos (25 g)

½ colher (chá) de sal rosa do Himalaia

1 colher (sopa) de levedura nutricional, opcional (5 g)

1 colher (sopa) de gergelim tostado (10 g)

¾ de xícara de leite de arroz (180 ml), mais ¼ de xícara (60 ml), se necessário

1 Preaqueça o forno a 180 ºC. Unte uma assadeira com azeite.

2 Em uma tigela grande, combine a proteína de arroz, a quinoa cozida, as amêndoas, a farinha de aveia, a chia, o amaranto, o sal, a levedura e o gergelim. Misture bem. Adicione o leite de arroz aos poucos, até que a massa fique úmida, mas sem grudar na mão. Adicione ¼ de xícara de leite de arroz a mais, se for preciso.

3 Espalhe a massa sobre a assadeira e nivele a superfície com uma espátula de metal. Corte 10 a 12 palitos retangulares com a espátula.

4 Leve ao forno preaquecido por 25 a 30 minutos, virando os palitos na metade do tempo. Asse até dourar de ambos os lados e ficar levemente crocante. Retire da assadeira e deixe esfriar.

5 Embrulhe os palitos um a um e guarde na geladeira por até 1 semana e no freezer por até 2 meses.

Saiba mais

Os ingredientes desta receita são ricos em proteína, que é extremamente importante, pois atua em diversos sistemas, como formação de hormônios, pele, anticorpos, enzimas, transporte de substâncias etc.

Mix de *sementes*

1 porção
10 minutos

10 pistaches descascados (6 g)
1 colher (chá) de sementes de girassol sem sal (3 g)
1 colher (chá) de sementes de abóbora sem sal (5 g)
1 colher (chá) de sementes de gergelim (3 g)
1 colher (chá) de cranberry (7 g)
1 colher (chá) de goji (3 g)

Misture todos os ingredientes e guarde em um pote bem fechado para manter crocante. Dobre ou triplique a quantidade e tenha um lanchinho pronto para vários dias da semana.

Sugestões

Você pode substituir as oleaginosas ou as frutas secas por outras de sua preferência.

Saiba mais

Pistache e sementes são alimentos oleaginosos, ricos em ômega 3, 6 e 9, vitamina E, magnésio, zinco e selênio. Agem como anti-inflamatório e antioxidante; fortalecem o sistema imunológico e auxiliam na formação de serotonina e colágeno no organismo.

6 porções
20 minutos

Gelatina de
ágar-ágar

Sugestões

Usei kiwi, morango **e** mirtilos pelo seu colorido e poder antioxidante, mas você pode usar as frutas de sua preferência.

Prefira a laranja-lima **para obter um suco mais doce.**

1 **kiwi** médio (110 g)
7 **morangos** médios (80 g)
⅓ de xícara de **mirtilos** (50 g)
1 xícara de água filtrada (240 ml)
1 pacotinho de ágar-ágar (6 g)
2 xícaras de suco de **laranja** (480 ml, ou 4 laranjas médias)

1 Descasque o kiwi e corte em cubinhos. Corte as folhas e o cabinho dos morangos e fatie fino. Lave os mirtilos.
2 Aqueça a água em fogo baixo. Acrescente o ágar-ágar, mexendo sempre para não grudar no fundo. Depois de mais ou menos 3 minutos, retire do fogo.
3 Deixe amornar um pouco, adicione o suco de laranja e misture. Quando começar a firmar, junte as frutas; esse intervalo, apesar de curto, serve para não ocorrer choque térmico nas frutas e para elas manterem suas cores bem vivas.
4 Transfira para potinhos individuais e leve à geladeira até firmar.

Saiba mais

Frutas são ricas em fibras naturais, que auxiliam no controle glicêmico (açúcar do sangue) e no funcionamento intestinal. Contêm vitaminas que exercem diversas funções benéficas no organismo, principalmente como antioxidantes e anti-inflamatórias e no fortalecimento do sistema imunológico.

Saiba mais

A chia é realmente um superalimento. Contém ômega 3, que age como anti-inflamatório e ajuda a equilibrar o índice de colesterol. Além das vitaminas e minerais que possui, é rica em proteína vegetal, sendo uma excelente opção para os vegetarianos.

Pudim de
chia

2 xícaras
20 minutos

1 ½ xícara de **leite de castanha de caju** (360 ml)
⅓ de xícara de chia (55 g)
½ colher (chá) de canela em pó (1 g)
½ xícara de **mirtilos** (80 g)
xarope de agave, opcional

Coloque o leite, a chia e a canela em uma tigela e misture bem, dissolvendo os grumos que se formarem. Deixe hidratar por 5 minutos. Em seguida, acrescente o mirtilo e o agave, se desejar.

Sugestões

Prepare o leite de castanha de caju batendo no liquidificador ½ xícara de castanhas de caju cruas sem sal (75 g) com 2 xícaras de água filtrada (480 ml) até triturar bem as castanhas. Coe em um voal, passando diversas vezes até extrair todo o líquido. Tempere o resíduo com azeite e ervas e use-o como uma "ricota". Se preferir, bata o leite pronto com a fruta para obter um pudim de outra cor.

Os mirtilos podem ser substituídos por uvas ou frutas vermelhas.

O xarope de agave é extraído de uma planta da família das suculentas, parente dos cactos. Costumo preparar esta receita sem adoçantes, mas, se quiser, use 1 colher (sopa) de xarope de agave.

Lanche da manhã • 55

Pool
antioxidante

1 copo

10 minutos

Sugestões

Fiz alguns testes e preferi misturar o **cardamomo** com o creme de coco para ficar mais leve e melhorar o paladar, mas você pode substituí-lo por 1 fava de baunilha ou não colocar.

¼ de xícara de leite de coco (60 ml)

½ xícara de coco seco fresco (40 g)

¼ de colher (chá) de **cardamomo** (sementes ou pó) (1 g)

6 morangos médios (55 g)

¼ de xícara de mirtilos (40 g)

1 cacho pequeno de uva branca sem caroço (10 unidades, 45 g)

10 framboesas (40 g)

chia a gosto

1 Despeje o leite de coco no liquidificador ou no mixer e acrescente aos poucos o coco fresco e o cardamomo. Coloque o coco devagar para que triture bem e fique cremoso.

2 Lave as frutas e arrume-as, alternando com uma camada do creme de coco: mirtilo, creme, morango, creme, uva, creme. Finalize com as framboesas e a chia.

Saiba mais

O coco possui uma gordura saudável, que auxilia no aumento do HDL (bom colesterol), reduz a inflamação e ainda ajuda a diminuir a gordura abdominal.

Saiba mais

A proteína vegetal é fundamental para a construção, a manutenção e o crescimento dos músculos. É muito consumida por quem faz atividade física e quer aumentar a massa magra.

Panqueca
proteica

5 unidades
10 minutos

2 colheres (sopa) de farinha de arroz integral (20 g)
3 colheres (sopa) de proteína vegetal sem sabor (25 g)
2 colheres (sopa) de quinoa em flocos (15 g)
2 colheres (sopa) de amaranto em flocos (20 g)
1 colher (sopa) de óleo (15 ml)
¼ de colher (chá) de **sal marinho** (1 g)
1 xícara de leite vegetal de **uso culinário** (240 ml)

1 Coloque todos os ingredientes no liquidificador e bata até obter uma massa lisa, sem grumos.

2 Unte uma frigideira antiaderente pequena com um fio de óleo e leve ao fogo baixo. Use uma concha para despejar um pouco da massa. Doure lentamente de um lado e só então vire para dourar do outro lado. Sirva em seguida. Guarde as sobras em geladeira por até 3 dias.

Sugestões

Prefira o leite vegetal de uso culinário para garantir a consistência da massa; o leite vegetal comum vai deixar a massa muito líquida.

Para uma versão doce, troque o sal marinho pela mesma quantidade de açúcar mascavo.

1¼ xícara
10 minutos

Creme de
avelã e cacau

Sugestões

O leite vegetal vai deixar a preparação mais cremosa; para variar o prato, não use o leite e obtenha uma massa que pode ser modelada em bolinhas, como brigadeiros, e também consumida no lanche da manhã.

Você pode fazer a receita sem a biomassa de banana verde, mas não fica tão gostosa nem tão funcional, já que a biomassa é um prebiótico e oferece muitos benefícios à saúde.

1 xícara de avelãs sem casca (140 g)
⅔ de xícara de **leite vegetal** sem sabor ou de arroz com avelã (160 ml)
6 tâmaras médias (45 g)
¼ de xícara de cacau em pó (25 g)
fava de baunilha a gosto
3 colheres (sopa) de **biomassa de banana verde** (60 g; ver pág. 23)

1 Toste as avelãs em uma panela por cerca de 3 minutos para que soltem a pele, mexendo sempre para não queimar. Depois que esfriar, esfregue-as com as duas mãos para a pele ir se soltando naturalmente (não precisa retirá-la completamente).

2 Bata no processador com todos os outros ingredientes. Se desejar, acrescente mais leite para deixar mais cremoso.

Saiba mais

A avelã é rica em proteína, cobre, manganês e vitamina E. Ao consumir apenas 25 g dessa fruta, a pessoa obtém a recomendação diária de cobre, mineral essencial para a boa atuação do colágeno e a fixação do ferro; já a quantidade de 100 g é o necessário para a recomendação de manganês, fundamental para formação óssea e, em gestantes, do bebê.

Almoço

Almôndegas de tofu 90

Bobó de palmito 94

Carpaccio de manga verde
com caponata de casca de banana verde 82

Cole slaw de repolho roxo e manga no pote 72

Enroladinho de abobrinha com tofu 85

Estrogonofe de cogumelos 89

Feijão-branco com abóbora 86

Fettuccine raw de pupunha
com concassé de tomate e ervas 67

Hambúrguer de berinjela 79

Lentilha com especiarias 75

Paella de grão-de-bico 80

Quinoa colorida 70

Salada de quinoa com cogumelos e abóbora 66

Ravióli de chia com abóbora 69

Salada de alcachofra com molho de mostarda 73

Sushi vegano 64

Tofu thai com leite de coco 76

Tortinha de cogumelo 93

24 unidades
45 minutos

Sushi
vegano

Sugestões
Misturei os dois tipos de arroz para ficar mais nutritivo, mas você pode usar um só se quiser.

Para o recheio
½ xícara de **arroz** cateto integral (100 g)
½ xícara de **arroz** 7 cereais (100 g)
3 xícaras de água filtrada (720 ml)

Para os sushis
4 folhas de alga nori para enrolar sushi
algumas folhas de rúcula sem o talo (10 g)
3 tomates secos grandes (30 g)
3 fatias grandes de abobrinha grelhada (70 g)
tofu defumado (½ pacotinho pequeno) (45 g)
½ xícara de brotos de alfafa (25 g)
3 morangos grandes (50 g)
½ pepino japonês cortado em tiras finas
½ xícara de cogumelos shimeji grelhados
shoyu sem glutamato monossódico, para servir

Saiba mais
As algas marinhas são fonte de minerais, clorofila, antioxidantes e iodo, fundamental para o funcionamento da tireoide. Possuem gorduras essenciais como o ômega 3 e 6 e capacidade para reduzir o risco de desenvolver doenças cardiovasculares, por baixar os níveis de LDL, o colesterol "ruim".

1. Coloque o arroz e a água na panela de pressão e leve ao fogo alto. Assim que a panela começar a chiar, reduza para fogo baixo e cozinhe por 20 minutos. Desligue e espere a pressão sair naturalmente antes de abrir a panela, pois o arroz continua cozinhando. O arroz para sushi deve ficar meio empapado mesmo, para facilitar na hora de espalhar sobre a folha de alga e de comer.
2. Coloque a folha de alga em cima de uma esteira de sushi. Espalhe ¼ do arroz sobre a alga e arrume a rúcula e o tomate seco sobre o arroz. Umedeça com um pouco de água uma das bordas da folha de alga para que ela grude bem na hora de fechar. Enrole devagar, envolvendo todos os ingredientes. Corte cada folha de alga recheada em 6 partes.
3. Repita o procedimento com as demais folhas, mudando o recheio: abobrinha e tofu; morango e brotos de alfafa; pepino e cogumelos.
4. Sirva em seguida, com o shoyu à parte.

2 porções
50 minutos

Salada de quinoa
com cogumelos
e abóbora

1 fatia de abóbora japonesa com casca (215 g)

2 colheres (sopa) de água de coco (30 ml)

⅛ de colher (chá) de canela em pó (2 g)

½ xícara de mix de quinoa (vermelha, preta e branca) (40 g)

3 xícaras de água filtrada (720 ml)

1 colher (chá) de sal

100 g de cogumelos portobello frescos

1 colher (sopa) de ghee (15 ml)

1 folha de couve orgânica (10 g)

suco de ½ limão-siciliano

sal a gosto

um punhado de flores comestíveis

Saiba mais

A cor laranja da abóbora é devida à quantidade de betacaroteno que contém. Ela ganha da cenoura em quantidade de luteína e zeaxantina, substâncias que protegem a pele dos raios ultravioleta e são benéficas à saúde dos olhos.

1 Fatie a abóbora em lâminas finas e coloque numa assadeira. Dissolva a canela na água de coco e regue a abóbora. Cubra com papel-alumínio e leve ao forno preaquecido a 180 °C por 20 a 25 minutos, virando na metade do tempo.

2 Enquanto isso, cozinhe o mix de quinoa na água filtrada com sal por 10 minutos.

3 Corte os cogumelos ao meio. Aqueça o ghee em uma frigideira e salteie-os por 2 minutos, temperando com sal.

4 Fatie a folha de couve em tiras fininhas.

5 Retire a abóbora do forno e transfira para uma tigela. Junte a quinoa, os cogumelos e a couve e misture. Tempere com o suco de limão e acerte o sal. Finalize com as flores comestíveis e sirva em seguida.

Fettuccine raw de pupunha com concassé de tomate e ervas

2 porções
50 minutos, mais o tempo da marinada

Fettuccine

450 g de palmito **pupunha**
1 ½ xícara de vinagre de maçã (360 ml)
1 ¼ xícara de azeite (300 ml)
1 colher (sopa) de flor de sal (5 g)
¼ de xícara de folhas de erva-doce picadas (10 g)
2 dentes de alho com casca esmagados

Concassé de tomate e ervas

1 lata de tomate pelado (400 g)
1 colher (chá) de azeite (5 ml)
suco de ½ limão-siciliano
1 cebola branca pequena ralada (10 g)
1 dente de alho amassado (2 g)
1 xícara de ervas frescas picadas (por exemplo, coentro, salsinha, folhas de erva-doce, tomilho, manjericão)
sal e pimenta-do-reino a gosto

1 Corte o palmito pupunha em tiras bem fininhas e coloque-as em uma tigela. Misture os demais ingredientes e despeje sobre o palmito. Cubra com filme de PVC e leve à geladeira por pelo menos 1 dia para pegar bem o tempero. O fettuccine pode ser conservado na geladeira por até 4 dias.

2 Antes de servir, corte os tomates em cubinhos e coloque em uma tigela. Amasse-os levemente com um garfo. Junte o azeite, o suco de limão, a cebola, o alho e as ervas, tempere com sal e pimenta e misture bem.

3 Arrume o pupunha em um prato e cubra com o concassé de tomate. Sirva em seguida.

Sugestões

Se não encontrar pupunha, substitua por abobrinha, cenoura ou nabo cortados em fitas largas.

Saiba mais

Rico em fibras, o palmito estimula o funcionamento do intestino. Contém muita água, pouca gordura e calorias.

Almoço • 67

Ravióli de
chia com abóbora

20 unidades pequenas

1 hora

2 pedaços médios de abóbora (180 g)
⅓ de xícara de leite de coco (80 ml; ver pág. 21)
1 colher (sopa) de chia (10 g)
½ xícara de farinha de inhame (80 g)
⅓ de xícara de farinha de arroz integral (40 g)
1 colher (sopa) de óleo de coco (15 ml)
1 colher (chá) de sal (5 g), e mais para temperar a abóbora

1 Coloque a abóbora em uma panela, cubra com água e cozinhe por 20 a 25 minutos, até amolecer. Retire da água e amasse com um garfo, temperando com um pouco de sal.
2 Aqueça o leite de coco até amornar. Desligue o fogo, junte a chia e espere alguns minutos até ela hidratar.
3 Coloque as farinhas, o óleo de coco e o sal em uma tigela. Junte o leite de coco com a chia e amasse bem até obter uma massa homogênea.
4 Espalhe um pouco de farinha de arroz na bancada. Abra a massa dentro de um saco plástico, usando um rolo para formar um retângulo fino.
5 Distribua colheradas do recheio da abóbora, deixando um espaço de dois dedos entre uma e outra. Feche a massa com cuidado, pois ela é frágil. Corte os raviólis e amasse as bordas com um garfo para fechar bem.
6 Em uma panela grande com água fervente, coloque devagar os raviólis para cozinhar. Quando subirem à superfície, retire-os delicadamente com a escumadeira. Sirva quente, com o molho de sua preferência.

Saiba mais

A abóbora é rica em betacaroteno, nutriente responsável pela sua cor alaranjada, e ganha da cenoura em quantidade de luteína e zeaxantina, substâncias que protegem a pele dos raios ultravioleta e agem principalmente na saúde dos olhos.

Quinoa colorida

4 porções

25 minutos, mais o tempo do molho

Sugestões

Escolhi quinoa de três cores para ficar mais nutritivo e colorido, mas pode fazer com a que tiver em casa.

Se quiser mais crocante, coloque a macadâmia e o tomate-cereja depois de pronto.

¼ de xícara de **quinoa branca** (60 g)
¼ de xícara de **quinoa vermelha** (60 g)
¼ de xícara de **quinoa negra** (60 g)
2½ xícaras de água filtrada
1 cenoura média (120 g)
⅓ de brócolis pequenos (100 g)
½ xícara de **tomate-cereja** (85 g)
¼ de xícara de **macadâmia** (35 g)
1 colher (chá) de sal (5 g)

1. Deixe as quinoas de molho em 1 xícara de água por 30 minutos. Enquanto isso, rale a cenoura em fios compridos e separe os brócolis em buquês.
2. Escorra a quinoa e coloque em uma panela com os demais ingredientes e o restante da água. Tampe e cozinhe por 10 minutos. Destampe a panela e cozinhe por mais 5 minutos para secar a água. Desligue e tampe novamente para que a quinoa continue a cozinhar apenas no vapor.

Saiba mais

A quinoa tem quantidade de nutrientes superior à de outros cereais integrais e é comparada com as leguminosas (feijão, lentilha, grão-de-bico) pelo seu teor proteico. Contém boa quantidade de lisina e triptofano (aminoácido ligado à produção de serotonina, responsável pela modulação do humor, boa disposição e bem-estar).

1 porção
15 minutos

Cole slaw de
repolho roxo
e manga no pote

Sugestões

Se quiser, substitua a tâmara
**por 1 colher (sopa) de
uvas-passas pretas sem
sementes.**

Molho

1 pote de iogurte vegetal (165 g)
2 colheres (sopa) de suco de laranja (30 ml)
suco de ½ limão-cravinho ou limão-taiti
1 colher (sopa) de vinagre de maçã orgânico (15 ml)
1 colher (chá) de curry
sal e pimenta-do-reino moída na hora a gosto

Salada

1 colher (sopa) de gergelim (5 g)
¼ de xícara de castanha-do-pará (25 g)
2 **tâmaras** sem caroço (45 g)
½ manga madura (55 g)
¼ de repolho roxo pequeno (75 g)
1 rodela de abacaxi (75 g)
5 tomates-cereja (85 g)
um punhado de miniagrião ou rúcula baby
um punhado de brotos de alfafa

Saiba mais

O repolho roxo pertence ao
grupo das brássicas, famosas
por ajudarem a desintoxicar o
fígado. Apresenta propriedades
anticarcinogênicas, tanto
na sua composição como
nos substratos; as bactérias
intestinais que se alimentam dos
componentes desses produtos
intensificam essa proteção.

1 Coloque todos os ingredientes do molho em uma tigela, misture bem e reserve.
2 Toste o gergelim em uma frigideira sem óleo por alguns segundos e reserve.
3 Pique a castanha-do-pará e a tâmara. Descasque a manga e corte a polpa em cubinhos. Rale ou fatie fino o repolho. Corte o abacaxi em cubinhos.
4 Misture o gergelim, a castanha e a tâmara no molho.
5 Monte a salada num pote de vidro limpo, alternando camadas do molho com a manga, o repolho roxo, o abacaxi e os tomates-cereja. Finalize com as folhas.

Salada de
alcachofra
com molho de mostarda

5 porções
1 hora

10 alcachofras médias
1 limão cortado em rodelas
flor de sal a gosto

Molho

1 xícara de suco de limão (240 ml)
½ xícara de vinagre de maçã (120 ml)
½ xícara de água (120 ml)
1 colher (chá) de sal marinho (2 g)
3 colheres (chá) de mostarda de Dijon (15 g)
3 colheres (sopa) de mel (60 g)
2 colheres (sopa) de azeite (30 ml)
1 colher (chá) de molho inglês (5 ml)
1 colher (sopa) de ervas finas (4 g)

1 Coloque as alcachofras e o limão em um caldeirão com água filtrada abundante. Cozinhe por cerca de 40 minutos, até ficarem macias. Faça o teste puxando uma das folhas: se ela se soltar facilmente, está pronta. Com cuidado, use uma colher para retirar o miolo fibroso e fiapento.

2 Enquanto as alcachofras cozinham, prepare o molho. Em uma tigela, coloque todos os ingredientes. Bata rapidamente com um fouet para emulsionar todos os ingredientes. Reserve.

3 Quando as alcachofras tiverem esfriado, regue com o molho de mostarda e tempere com flor de sal. Sirva em seguida.

Saiba mais

A alcachofra reduz o colesterol e estimula o funcionamento da vesícula biliar. Além disso, contém inulina, uma substância que estimula as bactérias benéficas do intestino.

Almoço • 73

Saiba mais

A lentilha faz parte do grupo das leguminosas. É rica em proteínas vegetais, triptofano, ferro, ácido fólico, zinco e fibras, sendo um dos substitutos para a carne. A deficiência de ácido fólico pode aumentar o risco para o desenvolvimento de demência e doença de Alzheimer.

Lentilha
com especiarias

6 porções
40 minutos, mais o
tempo do molho

1 ¼ xícara de **lentilha** demolhada e escorrida (250 g)
4 ½ xícaras de água (1080 ml)
1 colher (sopa) de sal (15 g)
1 cenoura média (100 g)
3 batatas pequenas (210 g)
⅓ de couve-flor média (125 g)
1 colher (sopa) de azeite (15 ml)
¼ de colher (chá) de sementes de mostarda
¼ de colher (chá) de sementes de cominho
¼ de colher (chá) de sementes de gergelim
¼ de colher (chá) de grãos de pimenta-do-reino
¼ de colher (chá) de cúrcuma em pó
¼ de colher (chá) de gengibre ralado
coentro fresco picado a gosto

Sugestões

Deixe a lentilha de molho
em água filtrada por
10 a 12 horas. Escorra
e descarte a água. Se
desejar um caldo mais
grosso, coloque 1 concha
da lentilha cozida no
liquidificador, bata e
coloque de novo na panela.

1 Coloque a lentilha, a água e o sal em uma panela grande e leve ao fogo alto. Espere ferver, reduza para fogo baixo, tampe e cozinhe por 10 minutos. Enquanto isso, pique a cenoura e a batata em cubinhos e separe a couve-flor em buquês.

2 Passado o tempo inicial de cozimento indicado acima, junte os legumes à panela, tampe e cozinhe por mais 10 ou 15 minutos, contados depois que ferver de novo. Destampe a panela para o excesso de água evaporar e formar o caldo e cozinhe por mais 10 minutos. Desligue e mantenha tampado.

3 Aqueça o azeite numa frigideira e refogue todas as especiarias até que as sementes de mostarda comecem a pular. Junte esse tempero ainda quente à panela com a lentilha, acrescente o coentro e misture. Sirva em seguida.

Almoço • 75

4 porções

35 minutos

Tofu thai com
leite de coco

Sugestões

Se quiser o prato com molho, use o leite de coco caseiro (ver pág. 21), pois assim não ficará com o gosto tão acentuado como o do industrializado.

½ tofu firme orgânico (350 g)

½ cebola roxa média (110 g)

1 berinjela grande (280 g)

6 cogumelos-de-paris pequenos (60 g)

2 buquês de brócolis do tipo japonês (70 g)

3 colheres (sopa) de azeite (45 ml)

½ colher (chá) de gengibre ralado (3 g)

½ colher (chá) de páprica picante

½ xícara de **leite de coco** (120 ml)

½ colher (chá) de sal (3 g)

¼ de colher (chá) de sementes de gergelim preto

¼ de colher (chá) de sementes de mostarda

1 Corte o tofu ao meio e em seguida em cubos grandes. Corte a cebola em rodelas, a berinjela em cubos e os cogumelos ao meio. Separe os brócolis em buquês pequenos.

2 Aqueça o azeite em uma frigideira e doure os cubos de tofu, virando sempre para dourar de todos os lados. Reserve. Na mesma frigideira, aproveite o azeite para dourar a cebola com o gengibre e a páprica. Junte os demais legumes e refogue até dourar. Acrescente o tofu reservado, o leite de coco e o sal e misture bem. Transfira para uma travessa.

3 Use a mesma frigideira para tostar o gergelim e a mostarda, até começarem a estalar. Retire do fogo e adicione à travessa. Sirva em seguida.

Saiba mais

O tofu é uma das fontes vegetais mais ricas em cálcio; sua biodisponibilidade (a eficiência com que um nutriente é absorvido pelo organismo) chega a ser de 30%. É rico também em proteína vegetal, sendo um ótimo alimento para contribuir na ingestão diária desse macronutriente.

Saiba mais

Encontra-se na berinjela o ácido clorogênico, que, além de sua reconhecida atividade antioxidante, protege contra o câncer, tem ação bactericida e redutora do LDL, o colesterol "ruim".

Hambúrguer de *berinjela*

4 unidades
2 horas

2 berinjelas grandes (600 g)
1 inhame médio (150 g)
¼ de xícara de arroz integral 7 cereais cozido (30 g)
2 colheres (sopa) de sementes de girassol (20 g)
2 colheres (sopa) de sementes de abóbora (20 g)
1 colher (sopa) de sementes de gergelim (10 g)
1 colher (sopa) de azeite (15 ml)
½ colher (sopa) de sal (7 g)

Sugestões

Tentei fazer o hambúrguer sem farinha. Para dar liga, aumentei a quantidade de arroz, porém não gostei porque ficou com gosto de arroz. A massa fica um pouquinho mais mole, mas é mais fácil para assar, pois não gruda nem quebra.

1 Corte as berinjelas ao meio e leve ao forno a 220 °C por 35 minutos. Descasque o inhame e corte em cubos. Cubra com água e cozinhe por 20 minutos.

2 Retire a berinjela do forno e transfira para uma tigela grande. Junte o inhame, o arroz e os demais ingredientes e misture com as mãos, amassando só até dar liga.

3 Divida a mistura em 4 partes e modele 4 hambúrgueres. Transfira para uma assadeira untada com óleo e leve ao forno por 25 minutos. Na metade do tempo, vire-os com cuidado com uma espátula para que dourem e assem por igual.

8 porções

1 hora, mais o tempo
do molho

Paella de
grão-de-bico

Sugestões

Não deixe o grão-de-bico de molho por mais do que 8 horas. Escorra e descarte a água. Coloque na panela de pressão com 2 xícaras de água e cozinhe por 20 minutos, contados após a panela começar a chiar. Para esta receita, escorra o grão-de-bico (que deve estar cozido, mas ainda firme, não muito macio) e use apenas os grãos; a água do cozimento pode ser usada para preparar o arroz.

Cozinhe o arroz negro com o dobro de água na panela de pressão por 20 minutos. Desligue e espere a pressão sair naturalmente, pois o arroz termina de cozinhar nesse tempo. A quantidade de arroz negro para esta receita é pequena. Pode cozinhá-lo em maior quantidade e usá-lo depois misturado com arroz integral ou 7 cereais. Fica uma delícia! Até na salada fica bom.

⅓ de brócolis do tipo japonês médio (110 g)

⅓ de couve-flor média (150 g)

1 palmito pupunha médio (95 g)

½ pimentão verde médio (75 g)

½ pimentão amarelo médio (75 g)

1 cenoura média (125 g)

½ alho-poró (70 g)

7 cogumelos-de-paris médios (180 g)

¼ de xícara de azeitonas verdes sem caroço (45 g)

2 colheres (sopa) de azeite (30 ml)

½ colher (sopa) de sal (7 g)

1 xícara de **grão-de-bico** cozido e escorrido (200 g)

½ xícara de **arroz negro** cozido (100 g)

1 Separe os brócolis e a couve-flor em buquês, retirando talos e folhas. Cozinhe no vapor por 3 a 5 minutos, pois eles devem ficar al dente.

2 Enquanto isso, corte o pupunha em rodelas, os pimentões e a cenoura em tiras finas, fatie o alho-poró e os cogumelos e pique as azeitonas.

3 Em seguida, aqueça o azeite em uma frigideira e refogue os legumes em porções pequenas, até dourarem. Isso faz com que os legumes fiquem muito mais saborosos. Tempere com sal.

4 Misture o arroz e o grão-de-bico em uma travessa e junte os legumes. Sirva em seguida.

80 • Detox dia a dia

Saiba mais

O grão-de-bico é fonte de proteínas, minerais, vitaminas e fibras, além de conter diversos compostos bioativos. É uma característica das leguminosas, em especial do grão-de-bico, ser ricas em triptofano, aminoácido precursor da serotonina, um neurotransmissor que regula o humor e proporciona a sensação de bem-estar.

1 porção
40 minutos

Carpaccio de *manga verde* com caponata de casca de *banana verde*

Sugestões

Pode ser usada no pão, em canapés ou em outros preparos.

Carpaccio

12 lâminas de manga verde, sem casca, cortadas na mandolina
pimenta-do-reino a gosto
flor de sal defumado a gosto
manjericão, para decorar

Caponata de casca de banana verde

4 bananas-pratas verdes (140 g só de casca)
75 g de berinjela
25 g de cebola picada
2 colheres (sopa) de azeite (30 ml)
5 g de alho em pasta
400 g de alcaparras picadas e aferventadas para eliminar o sódio
5 folhas de hortelã picadas
30 g de tomate italiano
20 g de nozes-pecãs torradas e picadas grosseiramente
salsinha a gosto
sal do Himalaia a gosto

Molho

¼ de xícara de azeite (60 ml)
2 colheres (chá) de vinagre de arroz (20 ml)
4 folhas de hortelã picadas
20 g de nozes-pecãs torradas e picadas grosseiramente
pimenta dedo-de-moça picada na hora a gosto
1 colher (sopa) de salsinha orgânica picada
brotos de girassol ou outro broto à escolha

1 Coloque as bananas com a casca na panela de pressão, já em água fervente, e cozinhe por 7 minutos depois que começar a chiar. Com uma uma faca de ponta, retire a casca das bananas e corte-as em cubinhos. (A polpa será usada na biomassa.)

2 Fatie e pique as berinjelas do mesmo tamanho das bananas.

3 Numa wok, refogue a cebola no azeite. Junte a berinjela, as cascas de banana e as uvas-passas e cozinhe por uns 3 minutos. Desligue e acrescente o restante dos ingredientes. Misture bem para incorporar os temperos e aproveitar o calor.

4 Deixe esfriar. Conserve na geladeira por ao menos 1 dia, antes de consumir.

5 Misture todos os ingredientes do molho.

6 Disponha numa travessa as lâminas de carpaccio de manga. Salpique por cima pimenta-do-reino e flor de sal defumado. Espalhe a caponata sobre o carpaccio. Finalize com folhas de manjericão e sirva o molho à parte.

Saiba mais

A mangiferina é uma importante substância antioxidante encontrada principalmente na casca da manga. É rica em betacaroteno, vitamina C e fibras, sendo indicada para manter a pele saudável e jovem, fortalecer o sistema imunológico e auxiliar no funcionamento do intestino.

Saiba mais

Cerca de 95% da abobrinha é composta de água; possui fibras e poucas calorias, sendo um excelente alimento para hidratar o organismo.

Enroladinho de
abobrinha com tofu

7 unidades

40 minutos

1 abobrinha média (325 g)
⅓ de xícara de nozes sem casca (45 g)
5 tomates secos médios (55 g)
2 fatias de tofu orgânico (200 g)
½ colher (sopa) de sal (7 g)

1 Corte a abobrinha em fatias finas; elas serão a base dos rolinhos. Grelhe-as rapidamente em um fio de óleo (apenas para não grudar), para que fiquem macias e maleáveis. Reserve.

2 Pique as nozes e os tomates secos em pedaços pequenos. Coloque em um refratário, junte o tofu e o sal e misture bem.

3 Prenda as pontas da abobrinha com um palitinho, formando um aro. Preencha com o recheio e atravesse o palitinho para prender do outro lado.

4 Asse por 25 minutos no forno a 220 ºC. Pode ser servido puro ou com molho de tomate.

Almoço • 85

4 porções

40 minutos, mais o
tempo do molho

Feijão-branco com
abóbora

Sugestões

Deixe o feijão-branco de molho por 8 a 12 horas. Escorra e descarte a água antes de cozinhar. Para o caldo do feijão ficar mais encorpado, bata 1 xícara do grão com um pouco do caldo no liquidificador e coloque de volta na panela.

1 ¼ xícara de **feijão-branco** demolhado e escorrido (250 g)
4 xícaras de água filtrada (960 ml)
½ colher (sopa) de cúrcuma ou açafrão-da-terra (5 g)
1 colher (sopa) de sal (15 g)
1 fatia média de abóbora japonesa (215 g)

1 Coloque o feijão, a água, a cúrcuma e o sal na panela de pressão e cozinhe por 10 minutos, contados depois que a panela começar a chiar.

2 Enquanto isso, corte a abóbora em fatias finas e depois em cubos pequenos.

3 Depois dos 10 minutos, desligue o fogo e espere a pressão sair naturalmente. Abra a panela e coloque a abóbora. Leve a panela sem tampa de novo ao fogo médio por mais ou menos 15 minutos para que o feijão termine de cozinhar junto com a abóbora e assim forme um caldo mais grosso. Sirva quente.

Saiba mais

O feijão-branco é um dos alimentos vegetais mais ricos em proteína e ferro. Também possui fibras, que ajudam na saciedade, vitaminas do complexo B e zinco, que age como antioxidante e auxilia na ativação do sistema imunológico.

Estrogonofe de *cogumelos*

6 porções
50 minutos, mais o tempo do molho

1 xícara de funghi secos (30 g)
4 xícaras de água filtrada morna (960 ml)
4 ramos de cogumelos shimeji (100 g)
7 cogumelos shitake médios (90 g)
3 cogumelos portobello grandes (135 g)
10 cogumelos-de-paris médios (145 g)
2½ palmitos pupunha médios (225 g)
1 colher (sopa) de azeite (15 ml)
3 colheres (sopa) de amido de milho
1 colher (sopa) de sal (15 g)

1 Hidrate os funghi secos na água por cerca de 20 minutos. Escorra e reserve a água.

2 Enquanto isso, limpe os outros cogumelos e o palmito. Separe os raminhos do shimeji com as mãos e corte o restante em fatias finas.

3 Aqueça o azeite em uma panela e junte todos os cogumelos e o palmito. Refogue por cerca de 15 minutos. Junte o caldo reservado e o amido de milho. Mexa por mais 3 a 5 minutos, ou até adquirir a consistência desejada. Desligue e sirva em seguida.

Saiba mais

Os cogumelos são riquíssimos em fibras e vitaminas, principalmente B2, B3 e B5, que são fundamentais para o metabolismo e a liberação de energia. São ricos em proteína se comparados às hortaliças (legumes e verduras) e até ao leite de vaca.

Almôndegas de
tofu

15 almôndegas

45 minutos

Sugestões

Na hora de refogar, você pode ou não retirar a água. Eu fiz vários testes e todos deram certo.

Estas bolinhas podem ser servidas sozinhas ou acompanhadas de molho de tomate.

1 colher (sopa) de linhaça (10 g)
3 colheres (sopa) de água filtrada (45 ml)
1 maço médio de espinafre (só folhas, 175 g)
1 tofu orgânico médio (500 g)
½ colher (sopa) de sal (7 g)

1 Deixe a linhaça de molho na água por 15 minutos, para hidratar e dar liga às almôndegas. Enquanto isso, retire as folhas do maço de espinafre e higienize-as bem.

2 Amasse o tofu com a mão. Coloque em uma panela e junte as folhas de espinafre. Tampe e leve ao fogo médio para aquecerem com o vapor, cozinhando por cerca de 5 minutos. Espere mais 5 minutos para então espremer com as mãos e retirar a **água** do cozimento.

3 Transfira o tofu e o espinafre para uma tigela e junte o sal. Misture a linhaça e modele as **bolinhas**. Unte uma fôrma com um pouco de óleo (para não queimar) e asse por 30 minutos, a 200 °C.

Saiba mais

O espinafre contém grande quantidade de filoquinona, proporcionando de 40% a 50% da ingestão necessária por dia de vitamina K, cuja principal função é a coagulação sanguínea. Quando o espinafre é cozido, o teor de ácido oxálico diminui, de modo a não interferir muito na absorção do cálcio, presente no tofu.

Tortinha de
cogumelo

5 tortinhas
50 minutos

Massa

1 colher (sopa) de linhaça (10 g)
2 colheres (sopa) de água filtrada (30 ml)
1 ½ xícara de nozes (150 g)
2½ colheres (sopa) de tomate seco (45 g)
2 colheres (sopa) de biomassa de banana verde (40 g; ver pág. 23)
¼ de colher (chá) de pimenta-do-reino
¼ de colher (chá) de sal (2 g)
¼ de xícara de farinha de arroz integral (30 g)

Recheio

4 cogumelos portobello médios (170 g)
½ xícara de azeitona preta sem caroço (65 g)
2 tomates médios (240 g)
½ colher (chá) de sal (3 g)

1 Comece pela massa. Coloque a linhaça e a água em uma tigelinha e reserve por 15 minutos, para hidratar. Enquanto isso, pique bem miúdo os ingredientes do recheio. Misture tudo e tempere com o sal.

2 Coloque os demais ingredientes, menos a farinha, no processador e bata bem. Quando estiverem triturados, transfira para uma tigela. Junte a farinha de arroz e a linhaça hidratada e misture. Divida a massa em 5 bolinhas.

3 Preaqueça o forno a 220 °C. Abra a massa das tortinhas com as mãos e coloque em **forminhas** individuais, moldando-a no tamanho da fôrma. Coloque o recheio e leve ao forno preaquecido por 15 a 20 minutos, até que a massa esteja dourada.

4 Espere esfriar um pouco para retirar da forminha. Sirva em seguida.

Sugestões

Não é preciso untar as forminhas com óleo, porque o tomate seco já contém bastante azeite. Use forminhas antiaderentes ou de silicone para facilitar a retirada da tortinha.

Saiba mais

As nozes possuem propriedades anti-inflamatórias, antioxidantes, ajudam o controle das taxas de gordura no organismo, são ricas em fibras e em arginina, um aminoácido que tem ação vasodilatadora.

Almoço • 93

Bobó de
palmito

5 porções
45 minutos

Sugestões

Espete as minimorangas **com um garfo para ver se estão cozidas. Não podem ficar muito macias, para não se desmancharem na hora de rechear. Se preciso, retire-as da panela antes de terminar o cozimento da mandioca.**

Se o seu liquidificador **é potente, pode bater todo o creme da receita de uma vez; caso contrário, bata em pequenas quantidades.**

Se nunca usou coentro **fresco, coloque pouco, pois o gosto é marcante.**

⅓ de mandioca fresca (275 g)
5 **minimorangas** (300 g cada)
5 xícaras de água (1200 ml)
1 tomate médio (135 g)
¼ de pimentão vermelho médio (60 g)
2 colheres (sopa) de castanhas de caju sem sal (25 g)
4 colheres (sopa) de palmito pupunha (55 g)
1 vidro de leite de coco (200 g)
1 colher (sopa) de azeite de dendê (15 ml)
1 colher (chá) de sal (5 g)
coentro fresco picado a gosto

1 Descasque a mandioca e coloque em uma panela grande. Junte as minimorangas e cubra com a água. Cozinhe em fogo médio por 10 a 15 minutos, até a mandioca ficar macia.

2 Enquanto isso, corte o tomate e o pimentão em cubinhos, descartando as sementes. Pique as castanhas de caju e corte o palmito pupunha em fatias.

3 Assim que a mandioca estiver cozida, espere esfriar um pouco e coloque no **liquidificador** com o leite de coco. Bata até obter um creme e reserve.

4 Corte a parte superior das minimorangas abrindo uma tampa, e descarte as sementes. Retire um pouco da polpa com uma colher e reserve.

5 Em uma panela, aqueça o azeite de dendê e refogue o tomate e o pimentão. Adicione o creme de mandioca, o pupunha, a castanha, a polpa reservada e o sal. Misture bem e retire do fogo.

6 Recheie as moranguinhas com esse creme, salpicado com coentro, e sirva em seguida.

94 • *Detox dia a dia*

Saiba mais
O palmito pupunha é rico em fibras, que estimulam o funcionamento do intestino. Contém muita água, pouca gordura e calorias.

Lanche da tarde

Bolinhas de maracujá com banana 114

Chips de banana verde 102

Chocolate amargo com pistache e frutas secas 98

Docinho de tâmara e nozes 105

Picolé de frutas com água de coco 113

Shake proteico de manga 110

Snack de grão-de-bico 117

Sorvete de abacate com cardamomo 106

Tortinha de alfarroba com coco 101

Tortinha de amêndoas com frutas vermelhas 109

1 porção
20 minutos

Chocolate amargo com
pistache e frutas secas

Sugestões

O chocolate 85% é feito apenas com cacau e pasta de cacau. Se gostar do sabor ainda mais amargo, use o 100%.

1 damasco seco grande (15 g)
1 colher (sopa) de pistaches sem casca (10 g)
1 colher (sopa) de cranberries (15 g)
1 barra de **chocolate** 85% (100 g)

1 Pique o damasco, os pistaches e as cranberries em pedaços pequenos, misture e reserve.
2 Coloque o chocolate em uma tigela refratária. Encaixe a tigela sobre uma panela com água fervente (sem deixar que a água toque o fundo da tigela) e mexa com cuidado até derreter o chocolate. Desligue o fogo e espere amornar.
3 Arrume as frutas picadas no fundo de uma taça e despeje o chocolate por cima. Sirva em seguida.

Saiba mais

O cacau possui grandes quantidades de compostos fenólicos e uma capacidade antioxidante muito superior à quantidade de antioxidantes totais e à capacidade antioxidante do chá verde e do vinho tinto. Ele também ajuda na redução da pressão arterial e a diminuir o LDL, o colesterol "ruim".

Saiba mais

O coco é uma excelente fonte de gordura saturada de boa qualidade. Além de aumentar o HDL (o bom colesterol), fornece energia, diminui as inflamações e a gordura abdominal.

Tortinha de
alfarroba com coco

10 unidades

25 minutos

1 xícara de coco ralado (80 g)
3 colheres (sopa) de óleo de coco (40 g)
3 colheres (sopa) de manteiga de coco (45 g)
1 colher (sopa) de alfarroba em pó (7 g)
5 colheres (sopa) de uvas-passas pretas (60 g)

1 Misture o coco ralado ao óleo de coco até formar uma massa.
2 Para fazer o recheio, coloque no processador a manteiga de coco, a alfarroba e as uvas-passas e bata até ficar homogêneo.
3 Divida a massa em 10 unidades e estenda em forminhas de silicone. Passe o dedo em cima da massa e faça movimentos circulares para que ela fique lisa e uniforme. Acrescente o recheio e leve à geladeira por 1 hora.
4 Solte as tortinhas com a faca. Sirva em seguida.

1 prato grande
30 minutos

Chips de
banana verde

Sugestões

Se as bananas estiverem bem espaçadas, basta assar por apenas 15 minutos, pois secarão mais rápido.

7 bananas verdes orgânicas (680 g)
1 colher (sopa) de azeite (15 ml)
sal e pimenta-do-reino a gosto

1. Deixe as bananas na geladeira por 1 hora, mais ou menos, para ficarem firmes na hora de fatiar.
2. Descasque as bananas e corte-as em tiras usando uma faca bem afiada ou com um ralador para obter tiras finas e uniformes. Coloque todos os ingredientes em uma tigela e misture para temperar.
3. Disponha as bananas em uma assadeira antiaderente. Asse em forno preaquecido a 220 ºC por 20 minutos.

Saiba mais

A banana verde, quando cozida, apresenta grande quantidade de amido resistente, cujo benefício é semelhante ao da fibra alimentar. Como não é digerido, é absorvido no intestino delgado, podendo ser fermentado no intestino grosso, produzindo substâncias que servem como fonte de energia para a produção de bactérias benéficas da flora intestinal. Auxilia no trato intestinal, atuando na prevenção e no tratamento de quadros como diarreia e constipação.

Docinho de
tâmara e nozes

10 docinhos
15 minutos

1 xícara de **nozes** (95 g)
3 **tâmaras** grandes sem caroço (70 g)
⅓ de xícara de coco fresco ralado (30 g)
2 colheres (sopa) de alfarroba em pó (15 g)
1 colher (sopa) de óleo de coco (15 g)

1 Coloque todos os ingredientes no processador e bata até formar uma massa.
2 Em seguida, modele bolinhas pequenas com as mãos, para formar os docinhos. Estão prontos para ser servidos, mas se quiser passe-os por coco ralado, nozes ou pistache bem picadinho.

Sugestões

No lugar das nozes e das tâmaras, você pode utilizar a oleaginosa ou a fruta seca que quiser... solte a imaginação!

Saiba mais

As tâmaras são ricas em açúcares; esta característica é apreciada por aqueles que necessitam preservar um ritmo energético durante atividades físicas (resistência ou longa duração) ou intelectuais. Possui boas quantidades de B5, conhecida por seu efeito tranquilizante e antiestressante.

Sorvete de *abacate com cardamomo*

1 xícara

10 minutos, mais o tempo de geladeira

Sugestões

Abra as bagas do cardamomo para retirar as sementes. Se quiser, pode substituí-lo por cacau, alfarroba ou outra combinação do seu gosto.

Use abacate maduro para que não fique amargo.

A fava de baunilha aberta pode ser usada para aromatizar chás.

1 fava de baunilha
¼ de colher (chá) de sementes de **cardamomo**
2 colheres (sopa) de suco de limão (30 ml)
3 colheres (sopa) de uvas-passas brancas ou pretas (30 g)
½ **abacate** maduro (170 g)

1 Abra a **fava** no sentido do comprimento e raspe as sementes com a ponta da faca. Reserve.
2 Coloque o cardamomo, o suco do limão e as uvas-passas no liquidificador. Junte metade do abacate e bata até misturar bem. Adicione o restante da fruta e a baunilha e bata novamente.
3 Transfira para uma tigela e leve ao congelador por pelo menos 1 hora, ou até firmar.

Saiba mais

O beta-sitosterol (fitosterol) é uma das principais substâncias do abacate. Muito semelhante ao colesterol, sua principal função é inibir a absorção e diminuir a produção dessa gordura no fígado. A gordura e a fibra da fruta contribuem para proporcionar saciedade e estimular o funcionamento do intestino.

Tortinha de
amêndoas com frutas vermelhas

4 unidades
20 minutos, mais o tempo do molho

½ xícara de amêndoas (75 g)
½ xícara de castanhas de caju sem sal (75 g)
½ xícara de ameixas-pretas sem caroço (90 g)
½ xícara de morango congelado (50 g)
½ xícara de framboesa congelada (50 g)
½ xícara de mirtilo congelado (50 g)
½ xícara de cranberries secas (50 g)

1 Deixe as amêndoas de molho na geladeira por 6 horas e as castanhas de caju por apenas 1 hora. Escorra e descarte a água do molho.

2 Coloque as amêndoas e as ameixas no processador e bata até formar uma massa. Forre as forminhas com essa massa, espalhando com os dedos. Reserve.

3 No mesmo processador, triture as castanhas de caju até obter uma farofa grossa. Acrescente os demais ingredientes e use a função "pulsar" para bater ligeiramente; gosto das frutas congeladas não muito desmanchadas, mas é você quem dá o ponto do recheio.

4 Cubra a massa nas forminhas com esse recheio e leve à geladeira para firmar um pouco.

Sugestões

Gosto dessa combinação de frutas, mas você pode incluir amoras se quiser ou substituir por outras; tente um mix de frutas amarelas, como manga, maracujá e carambola.

Saiba mais

As frutas vermelhas são ricas em antocianinas (que conferem sua coloração vermelho-arroxeada) e flavonoides, responsáveis por suas propriedades antioxidantes. São essenciais na prevenção de doenças cardiovasculares e neurodegenerativas, além de serem anti-inflamatórias e anticancerígenas. Atuam também na redução do colesterol e no fortalecimento do sistema imunológico.

Lanche da tarde • 109

2 copos
10 minutos

Shake proteico de
manga

Sugestões

A combinação de manga, tâmara, canela e cravo é maravilhosa, mas não se prenda nela e crie a sua própria, variando a fruta fresca, a fruta seca e as especiarias.

½ **manga** média (160 g)
1 **tâmara** grande sem caroço (20 g)
1 xícara de água de coco (240 ml)
2 colheres (sopa) de proteína vegetal (15 g)
½ colher (chá) de **canela** (2 g)
¼ de colher (chá) de **cravo** em pó

1 Descasque a manga e corte a polpa em cubos.
2 Coloque a manga e a tâmara no liquidificador e junte os demais ingredientes. Bata até obter uma mistura cremosa. Consuma em seguida.

Saiba mais

A manga é rica em betacaroteno, vitamina C e fibras; excelente para manter a pele saudável e jovem, fortalece o sistema imunológico e auxilia no funcionamento do intestino. A mangiferina é uma importante substância antioxidante encontrada principalmente na casca da manga.

Picolé de frutas com
água de coco

11 forminhas pequenas de picolé

10 minutos, mais o tempo de geladeira

1 kiwi médio (110 g)
1 nectarina média (100 g)
8 morangos pequenos (65 g)
¼ de xícara de mirtilos (45 g)
1 xícara de água de coco (240 ml)

Sugestões
Você pode usar a combinação de frutas da sua preferência.

1 Descasque o kiwi e lave as outras frutas. Corte cada uma em fatias finas.
2 Distribua as frutas nas forminhas de picolé, intercalando-as, e complete com a água de coco.
3 Leve ao congelador por pelo menos 1 hora ou até congelar.

Saiba mais
A água de coco é rica em sais minerais e tem baixo teor de açúcar, sódio e gordura. Por isso, é uma alternativa para a hidratação, principalmente após a atividade física. É importante lembrar que nutrientes como o potássio, cálcio, magnésio, manganês e zinco variam de acordo com a maturação do coco.

9 bolinhas
45 minutos

Bolinhas de
maracujá
com banana

Sugestões

Escolha um maracujá bem maduro para que não fique tão ácido.

1 banana média (85 g)
3 damascos secos médios (40 g)
2 colheres (sopa) de sementes de **maracujá** (30 g)
½ xícara de aveia sem glúten (50 g)
¼ de colher (chá) de canela em pó

1 Amasse a banana com um garfo e corte os damascos em cubos pequenos. Coloque todos os ingredientes em um refratário e misture-os bem.

2 Faça as bolinhas com o medidor de colher (eu usei metade da colher de sopa).

3 Asse em forno preaquecido a 180 °C por 20 a 25 minutos, até que as bolinhas estejam douradas (vire no meio do tempo para dourar por igual).

Saiba mais

O maracujá é o fruto da passiflora, planta medicinal popularmente conhecida como "flor da paixão", e apresenta benefícios que ajudam no tratamento de ansiedade, depressão, hiperatividade, problemas de sono, nervosismo, agitação, entre outros.

Snack de
grão-de-bico

2 xícaras

1 hora, mais o tempo do molho

1 xícara de grão-de-bico (200 g)
2½ xícaras de água filtrada (360 ml)
2 colheres (sopa) de azeite (30 ml)
¼ de colher (chá) de **pimenta-do-reino** moída na hora
1 colher (chá) de sal

1 Deixe o grão-de-bico de molho por 12 horas. Escorra e descarte a água.

2 Coloque os grãos e a água filtrada na panela de pressão e cozinhe por 10 minutos, contados a partir do momento em que a panela começar a chiar. Desligue o fogo e espere o vapor sair naturalmente.

3 Transfira para uma assadeira e junte os outros ingredientes, misturando bem. Asse em forno preaquecido (200 °C) por 45 minutos. Desligue e sirva em seguida.

Sugestões

Troque a pimenta-do-reino por pimenta-de-caiena ou páprica picante para variar o sabor. Você também pode acrescentar outras especiarias, como curry ou cominho.

Saiba mais

O grão-de-bico é fonte de proteínas, minerais, vitaminas e fibras, além de conter diversos compostos bioativos. Uma característica das leguminosas, em especial do grão-de-bico, é acumular triptofano, aminoácido precursor da serotonina, um neurotransmissor que regula o humor, proporcionando a sensação de bem-estar.

Jantar

Bolinho de abobrinha com mandioquinha 120

Bolinho de feijão 131

Creme de batata-doce com alecrim e amêndoas 127

Creme de castanha-do-pará com salsão 144

Creme de ervilha 140

Enroladinho de couve 128

Falafel 123

Mexido de tofu com legumes 124

Pizza de berinjela com legumes 132

Sopa de alho-poró 139

Sopa de batata com couve 143

Sopa de legumes detox 136

Tomate recheado com quinoa e legumes 135

11 bolinhos

35 minutos

Bolinho de
abobrinha com mandioquinha

2 abobrinhas médias (410 g)
4 mandioquinhas médias (270 g)
½ colher (sopa) de sal (7 g)
pimenta-do-reino a gosto

Sugestões

Deixe a frigideira sempre em fogo baixo, pois o fogo alto pode queimar o bolinho antes de ele cozinhar por dentro.

1 Lave as abobrinhas e rale. Descasque as mandioquinhas e rale também. Transfira tudo para uma tigela, acrescente o sal e a pimenta e misture bem. Esprema bem essa massa com as mãos para retirar o líquido. Modele 11 bolinhos.
2 Espalhe um fio de azeite na frigideira e aqueça em **fogo baixo**. Coloque os bolinhos e tampe a frigideira para que o vapor cozinhe o bolinho por inteiro.
3 Deixe dourar de um lado e vire para que doure do outro lado. Repita o processo até terminar todos os bolinhos.
4 Sirva em seguida.

Saiba mais

A coloração amarelada da mandioquinha deve-se à presença do betacaroteno, que tem ação antioxidante. Possui também efeito desintoxicante, alcalinizante e anti-inflamatório e previne certos tipos de câncer.

Saiba mais

Além de ser uma excelente fonte de proteína, o grão-de-bico pode reduzir o risco de doenças crônicas. Esses efeitos benéficos são atribuídos a seu conteúdo de fibras, aos compostos bioativos (em especial fitoesteróis) e a seu baixo índice glicêmico.

Falafel

11 bolinhas médias

45 minutos, mais o tempo do molho

1 xícara de grão-de-bico (200 g)
1 dente de alho grande (5 g)
algumas folhas de coentro fresco (2 g)
algumas folhas de hortelã fresca (3 g)
algumas folhas de salsinha fresca (5 g)
½ colher (chá) cominho em pó (1 g)
½ colher (chá) de páprica picante (1 g)
½ colher (sopa) de sal (7 g)
¼ de colher (chá) de pimenta-do-reino

1. Deixe o grão-de-bico de molho em água por 8 a 12 horas. Passado esse tempo, escorra e descarte a água.
2. Transfira para o processador e junte os demais ingredientes. Bata até ficar bem triturado.
3. Com a ajuda de uma colher, modele o **falafel** em bolinhas médias e disponha em uma assadeira. Leve ao forno preaquecido a 200 °C e asse por 30 minutos. Na metade do tempo, vire-os para que dourem por inteiro.

Sugestões

Regue as bolinhas de falafel com azeite antes de levar ao forno para que não ressequem. Se quiser, sirva com um molho de tahine, água e sal.

2 xícaras
20 minutos

Mexido de
tofu com legumes

Sugestões

Troque a cenoura por nabo, os brócolis por couve-flor e o cogumelo-de-paris por shimeji para variar o sabor, ou escolha o mix de legumes de acordo com sua preferência.

½ **cenoura** média (35 g)
2 buquês pequenos de **brócolis** do tipo japonês (40 g)
5 **cogumelos-de-paris** médios (125 g)
1 fatia média de tofu natural (130 g)
1 ramo de salsinha pequeno (8 g)
1 colher (sopa) de azeite (15 ml)
½ colher (sopa) de sal (7 g)
1 colher (chá) de cúrcuma em pó

1 Descasque a cenoura e rale. Pique os brócolis em pedacinhos pequenos e corte os cogumelos em fatias médias. Desmanche o tofu com as mãos para que ele fique com uma textura parecida com a da ricota. Pique a salsinha. Reserve os ingredientes separados.

2 Coloque o azeite em uma panela e leve ao fogo médio junto com os legumes e o sal. Refogue um pouco. Adicione o tofu e continue mexendo. Se precisar, acrescente um pouco de água para não grudar no fundo da panela. Junte a cúrcuma e a salsinha picada e misture. Desligue e sirva em seguida.

Saiba mais

O tofu é uma das fontes vegetais mais ricas em cálcio e sua biodisponibilidade chega a ser de 30%. É rico também em proteína vegetal, sendo um ótimo alimento para contribuir na ingestão diária deste macronutriente.

Creme de *batata-doce* com *alecrim e amêndoas*

3 xícaras
30 minutos

1 batata-doce grande (470 g)
4 xícaras de água filtrada (960 ml)
½ colher (sopa) de sal (7 g)
1 colher (sopa) de azeite (15 ml)
1 ramo médio de **alecrim** fresco, só as folhas (1 g)
6 grãos de pimenta-do-reino
¼ de colher (chá) de noz-moscada em pó
½ colher (chá) de gengibre fresco ralado
3 colheres (sopa) de lascas de amêndoas (30 g)

1 Descasque a batata-doce e corte em cubos médios. Coloque na panela de pressão com a água e o sal e cozinhe por 20 minutos, contados a partir do momento em que a panela começar a chiar. Desligue e espere o vapor sair naturalmente.
2 Abra a panela e espere esfriar um pouco. Transfira para o liquidificador e bata com os demais ingredientes (menos as amêndoas) até obter um creme.
3 Distribua as lascas de amêndoas por cima e sirva em seguida.

Sugestões

Uma dica para desfolhar o alecrim é segurar a ponta mais fina e passar os dedos firmemente no sentido contrário do crescimento das folhas; elas se soltam do ramo facilmente.

Saiba mais

A batata-doce é rica em carboidratos complexos de baixo índice glicêmico que, digeridos e absorvidos lentamente, impedem que o organismo sofra um pico glicêmico e estimulam a liberação lenta de insulina, reduzindo o risco de diabetes, obesidade e, ainda, controlando o apetite.

1 wrap grande
15 minutos

Enroladinho de
couve

Sugestões

Você pode substituir o enoki por outro tipo de cogumelo, como o shimeji.

Se você não encontrar o homus pronto, faça a sua versão caseira batendo no liquidificador 1 xícara de grão-de-bico cozido, 2 colheres (sopa) de tahine, o suco de 1 limão, 1 dente de alho pequeno e sal até obter uma pasta. Se preferir mais macio, acrescente ½ xícara da água do cozimento do grão-de-bico.

1 folha média de couve (20 g)
um punhado de brotos de feijão (15 g)
um punhado de brotos de alfafa (10 g)
um punhado de brotos de girassol (10 g)
um punhado de **cogumelos enoki** (15 g)
2 colheres (sopa) de **homus** (pasta de grão-de-bico) pronto (40 g)
¼ de maçã sem casca (45 g)
1 colher (sopa) de nozes picadas (10 g)

1 Higienize as hortaliças, os brotos e os cogumelos.
2 Jogue um pouco de água quente no broto de feijão, para que ele fique transparente.
3 Faça um cone com a folha de couve para verificar até onde pode colocar os ingredientes (em geral é da metade da folha para cima). Abra a folha de novo. Na metade superior da folha, coloque o homus, a maçã fatiada, as nozes, os brotos e os cogumelos. Faça o cone e consuma em seguida.

Saiba mais

A couve é um alimento rico em enxofre, utilizado para desintoxicar o fígado. Rica em cálcio, sua biodisponibilidade (quantidade absorvida pelo organismo) é de quase 60%, ganhando do leite de vaca e dos queijos, que têm em média 30%.

Saiba mais

Além de ser rico em proteína vegetal e ferro, o feijão contém uma glicoproteína chamada faseolamina, que inibe a ação de uma enzima que converte os carboidratos em glicose. Em consequência, reduz a absorção de glicose, diminuindo o consumo de calorias, o que resulta em menor ganho de massa corporal.

Bolinho de *feijão*

11 bolinhos
45 minutos, mais o
tempo do molho

1 xícara de **feijão-preto** (190 g)
2 xícaras de água filtrada (480 ml)
1 colher (sopa) de sal (14 g)
2 folhas médias de **couve** (45 g)
1 colher (sopa) de azeite (15 ml)
½ cebola grande (115 g)
2 dentes de alho grandes (15 g)
¼ de xícara de trigo-sarraceno (35 g)

Sugestões

Feijão-preto e **couve** são uma ótima combinação, mas experimente esta receita também com feijão-branco ou feijão-fradinho.

1 Deixe o feijão de molho por 8 a 12 horas. Escorra e descarte a água do molho.

2 Coloque o feijão na panela de pressão com a água filtrada e o sal e cozinhe por 15 minutos, contados a partir do momento em que a panela começar a chiar.

3 Enquanto isso, fatie bem fino a couve e refogue com a metade do azeite. Reserve. Com a outra metade do azeite, refogue o alho e a cebola.

4 Abra a panela depois que esfriar e transfira o feijão para o processador. Bata por alguns segundos para desmanchar os grãos, mas não triturá-los totalmente.

5 Em uma tigela, misture o feijão e os demais ingredientes (menos a couve) até formar uma massa e modele bolinhos pequenos. Aperte levemente com um dedo o centro do bolinho e recheie com a couve refogada. Feche o bolinho. Repita com todos os bolinhos.

6 Disponha os bolinhos em uma assadeira com um pouco de azeite. Leve ao forno preaquecido a 200 ºC e asse por 20 minutos. Sirva em seguida.

1 pizza média

15 minutos

Pizza de
berinjela com legumes

Sugestões

Os legumes da receita podem ser substituídos por outros, como cenouras e brócolis pré-cozidos ou por um mix de cogumelos e tofu.

Massa

2 colheres (sopa) de linhaça dourada (20 g)

3 colheres (sopa) de água filtrada (45 ml)

1 berinjela média (280 g)

¼ de colher (chá) de pimenta-do-reino moída

4 colheres (sopa) de farinha de amêndoa (32 g)

½ colher (chá) de sal (4 g)

1 colher (sopa) de azeite (15 ml)

Recheio

⅓ de berinjela média (80 g)

4 miniabobrinhas (140 g)

8 tomates-cereja pequenos (50 g)

sal e azeite a gosto

1 Deixe a linhaça de molho na água por 15 minutos.

2 Enquanto isso, lave a berinjela e corte em cubos com a casca e as sementes. Coloque no processador com a pimenta e bata. Esprema com um pano para retirar todo o líquido.

3 Transfira para uma vasilha e junte a linhaça reservada e os demais ingredientes da massa. Amasse bem.

4 Forre uma assadeira com papel-manteiga. Abra a massa com as mãos, formando um disco, e coloque na fôrma. Leve ao forno preaquecido a 190 °C e asse por 20 minutos.

5 Retire do forno e espere esfriar um pouco. Estenda uma folha de papel-manteiga na bancada e vire a massa devagar sobre ele.

6 Prepare o recheio. Corte os legumes em fatias bem finas e arrume-os sobre a massa. Leve de volta ao forno e asse por 25 a 30 minutos. Sirva em seguida.

Saiba mais

A berinjela contém ácido clorogênico, que, além de sua reconhecida atividade antioxidante, protege contra o câncer, tem ação bactericida e redutora do LDL, o colesterol "ruim".

Saiba mais

A cor vermelha do tomate é dada pela quantidade de licopeno, um dos melhores antioxidantes que existem, indicado como protetor para o câncer de próstata, pois diminui o risco de desenvolvimento da doença. Quando é aquecido, a concentração de licopeno aumenta muito.

Tomate recheado com
quinoa e legumes

3 porções
45 minutos, mais o tempo do molho

⅓ de xícara de **quinoa** em grãos (60 g)
1 xícara de água filtrada (240 ml)
3 tomates bem grandes (870 g)
½ cenoura média (70 g)
2 buquês grandes de brócolis do tipo japonês (60 g)
1 colher (sopa) de azeite (15 ml)
½ colher (sopa) de sal (7 g)
1 ramo pequeno de salsinha fresca (8 g)
2 colheres (sopa) de amêndoas (20 g)

Sugestões

Utilize a quinoa que preferir – branca, negra ou vermelha; qualquer uma delas fica uma delícia! Você pode variar os legumes também.

1 Deixe a quinoa de molho por 30 minutos em metade da água.
2 Enquanto isso, lave os legumes. Com uma faca, corte a tampa dos tomates e com cuidado faça um círculo por dentro. Pegue no centro do miolo e gire para que ele saia inteiro. Passe o miolo em água corrente para retirar as sementes e pique-o. Reserve. Rale a cenoura e pique os brócolis em pedaços pequenos.
3 Em uma panela, coloque o azeite e cozinhe a quinoa por 15 minutos com o restante da água e o sal. Nos últimos 5 minutos, acrescente a cenoura, os brócolis e a salsinha. Deixe a panela tampada, para que o vapor ajude a cozinhar mais rapidamente.
4 Desligue do fogo. Mantenha a panela tampada por mais cerca de 8 minutos, até que a quinoa esteja totalmente cozida. Junte as amêndoas.
5 Recheie os tomates e leve ao forno preaquecido a 200 ºC para assar por 20 minutos. Sirva em seguida.

5 xícaras

35 minutos

Sopa de *legumes detox*

Sugestões

Coloque o repolho roxo e o tomate-cereja por último, para que o repolho não perca a cor e o tomate não se desmanche.

1 cenoura grande (155 g)

½ brócolis médio (160 g)

¼ de **repolho roxo** médio (175 g)

1 colher (sopa) de azeite (15 ml)

2 folhas médias de couve (55 g)

3 xícaras de água quente (720 ml)

½ colher (sopa) de sal (7 g)

½ xícara de **tomate-cereja** médio (90 g)

1 Descasque a cenoura e fatie. Corte os brócolis em buquês pequenos e o repolho em fatias finas.

2 Aqueça metade do azeite em uma frigideira e refogue o repolho até ficar al dente, ou seja, cozido mas ainda crocante. Reserve. Na mesma frigideira, refogue a cenoura por alguns minutos. Acrescente os brócolis e a couve rasgada com as mãos. Refogue por mais alguns minutos e junte a água e o sal. Cozinhe por 15 minutos. No final do cozimento, coloque o repolho roxo e desligue. Só então acrescente o tomate-cereja. Sirva em seguida.

Saiba mais

Os ingredientes desta sopa são ricos em fibras – a parte não digerível do alimento vegetal, que resiste à absorção intestinal. As fibras auxiliam a função gastrintestinal e reduzem o risco de doenças degenerativas, por promoverem a diminuição do nível de colesterol.

Saiba mais

O alho-poró é um prebiótico, composto que estimula o crescimento de bactérias benéficas no intestino, como as bifidobactérias e lactobacilos. Pode reduzir o nível de colesterol do sangue, além de melhorar o funcionamento intestinal.

Sopa de
alho-poró

7 porções
30 minutos

6 alhos-porós médios (895 g)
3 **inhames** médios (330 g)
4 xícaras de água filtrada (960 ml)
1 colher (sopa) de sal (14 g)
gergelim torrado a gosto

Sugestões
Se não encontrar o inhame,
use batata-doce ou cará.

1 Lave bem o alho-poró. Descasque os inhames. Coloque tudo na panela de pressão com a água e o sal e cozinhe por 15 minutos, contados a partir do momento em que a panela começar a chiar. Desligue o fogo e espere o vapor sair naturalmente.
2 Depois que esfriar um pouco, transfira para o liquidificador e bata até obter um creme. Leve de volta para a panela e cozinhe mais um pouco sem tampar, até engrossar um pouco.
3 Sirva quente, salpicado com gergelim.

6 porções
20 minutos

Creme de
ervilha

Sugestões

Para variar o sabor, troque a cebolinha por outra erva fresca, como hortelã ou manjericão.

2 xícaras de ervilha seca (270 g)
4 xícaras de água filtrada (960 ml)
6 **cebolinhas** (30 g)
1 colher (sopa) de sal (14 g)

1 Deixe a ervilha de molho por 8 a 12 horas. Escorra e descarte a água. Coloque na panela de pressão com a água filtrada e cozinhe por 10 minutos, contados a partir do momento em que a panela começar a chiar. Desligue o fogo e espere a pressão sair naturalmente.

2 Transfira para o liquidificador e bata até virar um creme. Leve de volta para a panela, adicione a cebolinha picada e o sal. Misture, cozinhe mais um pouco sem tampar e desligue. O creme de ervilha engrossa um pouco depois de frio, então, se precisar, acrescente mais água.

Saiba mais

A ervilha é uma leguminosa rica em proteína, sendo um ótimo substituto da carne. Possui vitaminas do complexo B, principalmente B1, fundamental para o funcionamento do sistema nervoso e para diminuir a inflamação de nervos.

Saiba mais

A casca da batata oferece mais nutrientes do que a batata em si, principalmente em potássio e vitaminas C e B6, fundamentais para o metabolismo. O suco da batata é muito utilizado para aliviar os sintomas de problemas estomacais. Dê preferência para as batatas orgânicas.

Sopa de *batata com couve*

6 porções
30 minutos

6 batatas médias (785 g)
4 xícaras de água (960 ml)
1 colher (sopa) de sal (14 g)
3 folhas médias de couve (80 g)
1 colher (sopa) de azeite (15 ml)

Sugestões
Se quiser o caldo mais grosso, deixe mais um pouco no fogo.

1 Descasque as batatas e coloque na panela de pressão junto com a água e o sal. Cubra com água e cozinhe por 15 minutos, contados a partir do momento em que a panela começar a chiar. Desligue e espere o vapor sair naturalmente.

2 Enquanto isso, corte a couve em tiras bem finas e refogue no azeite até ficar al dente; tampe a panela para fazer vapor e não queimar.

3 Quando as batatas estiverem cozidas, coloque-as no liquidificador com a água do cozimento e bata até obter um **caldo** homogêneo. Junte esse caldo à couve já refogada. Misture tudo e sirva em seguida.

8 xícaras

25-30 minutos

Creme de
castanha-do-pará
com salsão

3 xícaras de castanhas-do-pará (360 g)
½ mandioca média (215 g)
2 pedaços médios de salsão (120 g)
½ colher (sopa) de sal (7 g)
7 xícaras de água filtrada (1,75 litro)

1 Coloque todos os ingredientes na panela de pressão e cubra com a água. Cozinhe por 15 minutos, contados a partir do momento em que a panela começar a chiar. Desligue e espere o vapor sair naturalmente.
2 Bata aos poucos no liquidificador, se preciso, junte um pouco mais de água filtrada. Passe na peneira para filtrar a casca da castanha. Sirva ainda quente.

Saiba mais

A castanha-do-pará é riquíssima em selênio, um dos mais importantes antioxidantes que existem; uma de suas funções é ativar o metabolismo da tireoide. É rica em arginina, um aminoácido precursor de uma substância vasodilatadora, e por isso auxilia no controle da pressão.

144 • Detox dia a dia

Ceia

Chá de abacaxi com anis-estrelado 149

Chá de hibisco com rosas mistas 149

Chá de jasmim com cranberry 150

Chá de laranja, gengibre e canela 149

Chá de maracujá com camomila 150

Chá de melissa com erva-cidreira 150

Chai latte 153

Chocolate quente 157

Leite boa-noite 154

**3 xícaras
20-25 minutos**

Saiba mais

O abacaxi é um excelente digestivo. É rico em bromelina, enzima que ajuda principalmente na digestão das proteínas.

**4 xícaras
15 minutos**

Saiba mais

O hibisco é antioxidante, tônico digestivo, auxilia no controle da pressão arterial, do colesterol e das disfunções hormonais e impede a retenção de líquidos pela sua ação diurética.

**3 xícaras
20 minutos**

Saiba mais

A laranja e a canela, em especial, são excelentes para o controle glicêmico. Seus polifenóis podem interagir com a absorção da glicose (açúcar no sangue) no intestino, contribuindo para o controle glicêmico.

Chá de abacaxi
com anis-estrelado

4 xícaras de água (960 ml)
3 fatias médias de **abacaxi** desidratado (sem açúcar) (60 g)
2½ colheres (sopa) de anis-estrelado (7 g)

Coloque a água e todos os ingredientes em uma panela e leve ao fogo alto. Quando ferver, reduza para fogo baixo e cozinhe por 10 minutos. Desligue e deixe em infusão por mais 10 a 15 minutos. Quanto mais tempo deixar os ingredientes na água, mais forte ficará o seu chá. Depois que o chá estiver pronto, o abacaxi poderá ser consumido.

Chá de hibisco
com rosas mistas

4 xícaras de água (960 ml)
1½ colher (sopa) de hibisco desidratado (5 g)
3 colheres (sopa) de rosas mistas secas (3 g)

Leve a água ao fogo. Quando ferver, desligue e acrescente os demais ingredientes. Deixe em infusão por 15 minutos. Quanto mais tempo deixar os ingredientes na água, mais forte ficará o seu chá.

Chá de laranja,
gengibre e canela

4 xícaras de água (960 ml)
5 fatias médias de laranja desidratada (10 g)
5 fatias grossas de gengibre fresco (22 g)
2 paus pequenos de canela (9 g)

Coloque a água e todos os ingredientes em uma panela e leve ao fogo alto. Quando ferver, reduza para fogo baixo e cozinhe por 10 minutos. Desligue e deixe em infusão por mais 10 minutos. Quanto mais tempo deixar os ingredientes na água, mais forte ficará o seu chá.

Chá de melissa
com erva-cidreira

4 xícaras de água (960 ml)
um punhado de erva-cidreira fresca ou seca (1 g)
1 ½ colher (sopa) de melissa (3 g)

Leve a água ao fogo. Quando ferver, desligue e acrescente os demais ingredientes. Deixe em infusão por 10 minutos. Quanto mais tempo deixar os ingredientes na água, mais forte ficará o seu chá.

Chá de jasmim
com cranberry

4 xícaras de água (960 ml)
2 colheres (sopa) de jasmim desidratado (4 g)
3 colheres (sopa) de **cranberries** desidratadas (25 g)

Leve a água ao fogo. Quando ferver, desligue e acrescente os demais ingredientes. Deixe em infusão por 15 a 20 minutos. Quanto mais tempo deixar os ingredientes na água, mais forte ficará o seu chá. Depois que o chá estiver pronto, as cranberries poderão ser consumidas.

Chá de maracujá
com camomila

4 xícaras de água (960 ml)
1 ½ colher (sopa) de camomila (3 g)
1 ½ colher (sopa) de folhas secas de maracujá (1 g)

Leve a água ao fogo. Quando ferver, desligue e acrescente os demais ingredientes. Deixe em infusão por 10 minutos. Quanto mais tempo deixar os ingredientes na água, mais forte ficará o seu chá.

4 xícaras
15 minutos

Saiba mais
Duas ervas com poder carminativo, excelentes para a digestão e a redução de gases. Ideal para ser tomado após a refeição.

3½ xícaras
20 minutos

Saiba mais
A **cranberry** é fonte de polifenóis – fitoquímicos antioxidantes que trazem benefícios à saúde cardiovascular e ao sistema imune. É considerada agente anticancerígeno. No entanto, sua ação no trato urinário e a capacidade de inibir as cistites de repetição é o que mais tem chamado a atenção.

4 xícaras
15 minutos

Saiba mais
Esta é uma excelente combinação de ervas; relaxante e calmante, é ideal para tomar antes de dormir. Auxilia também no controle do estresse e nas cólicas menstruais.

Saiba mais

As especiarias picantes, muito utilizadas na medicina aiurvédica, contêm inúmeros benefícios para o organismo, em especial o de eliminar as toxinas e ativar o metabolismo.

Chai latte

4 xícaras
15 minutos

½ pau de canela pequeno (1 g)
¼ de colher (chá) de cravo-da-índia
½ colher (chá) de sementes de cardamomo (2 g)
½ colher (sopa) de chá preto (3 g)
¼ de colher (chá) de pimenta-do-reino em grãos
1 pedaço pequeno de noz-moscada (2 g)
1 pedaço pequeno de **gengibre fresco** (5 g)
3 xícaras de água filtrada (720 ml)
1 xícara de **leite de amêndoas** (240 ml, ver pág. 19)

1 Bata as especiarias e o gengibre no liquidificador.
2 Transfira para uma panelinha e junte a água. Leve ao fogo alto até ferver. Desligue e junte a mistura de especiarias e o leite. Deixe em infusão por pelo menos 10 minutos; quanto mais tempo a pasta ficar na água, mais forte ficará o seu chá.

Sugestões

Esta mistura de especiarias é chamada de masala. Se quiser, dobre ou triplique a receita e exclua o gengibre fresco para fazer a masala em maior quantidade e usar em outros chás.

Não aqueça o leite de amêndoas com o chá porque talha.

1 xícara
15 minutos

Leite
boa-noite

Sugestões

Se preferir, use as sementes do cardamomo; basta abrir as bagas e retirar as sementes, moendo ou macerando-as antes de usar.

1 xícara de leite de amêndoas (240 ml; ver pág. 19)
¼ de colher (chá) de **cardamomo** em pó
¼ de colher (chá) de cúrcuma em pó
¼ de colher (chá) de canela em pó (1 g)

Aqueça ligeiramente o leite de amêndoas. Acrescente as especiarias, misture bem e tome em seguida.

Saiba mais

Este leite é muito utilizado na medicina aiurvédica, pois proporciona relaxamento e bem-estar por conta das especiarias que o temperam, principalmente o cardamomo. O ideal é tomar 40 minutos antes de dormir.

Chocolate
quente

1¼ xícara
15 minutos

1 xícara de leite de amêndoas (240 ml; ver pág. 19)
1 colher (sopa) de cacau em pó (7 g)
3 fatias de **maçã desidratada** (20 g)
¼ de colher (chá) de canela em pó (1 g)

Aqueça ligeiramente o leite de amêndoas e transfira para o liquidificador. Junte os demais ingredientes e bata bem, até ficar cremoso. Tome em seguida.

Sugestões

A maçã desidratada pode ser encontrada em grandes supermercados ou lojas de produtos naturais, perto dos damascos e das uvas-passas. Se não encontrar, prepare uma versão caseira: arrume rodelas finas de maçã (pode ser com casca mesmo) em uma assadeira forrada com papel-manteiga sem sobrepor nenhuma. Leve ao forno preaquecido a 180 °C e asse por 1 hora, até secar bem, virando as fatias na metade do tempo. Deixe a porta do forno entreaberta para não queimar a maçã.

Saiba mais

O cacau contém catequinas, antocianinas e procianidinas, que reduzem o cortisol advindo do estresse, a pressão arterial e o LDL (o colesterol "ruim"), além de agir como anti-inflamatório.

Índice alfabético

Salgados

Almôndegas de tofu **90**
Azeite temperado **24**
Biomassa de banana verde **23**
Bobó de palmito **94**
Bolinho de abobrinha com mandioquinha **120**
Bolinho de feijão **131**
Carpaccio de manga verde com caponata de casca de banana verde **82**
Chips de banana verde **102**
Cole slaw de repolho roxo e manga no pote **72**
Creme de batata-doce com alecrim e amêndoas **127**
Creme de castanha-do-pará com salsão **144**
Creme de ervilha **140**
Enroladinho de abobrinha com tofu **85**
Enroladinho de couve **128**
Estrogonofe de cogumelos **89**
Falafel **123**
Feijão-branco com abóbora **86**
Fettuccine raw de pupunha com concassé de tomate e ervas **67**

Hambúrguer de berinjela **79**
Lentilha com especiarias **75**
Manteiga de painço com ervas **40**
Mexido de tofu com legumes **124**
Mix de sementes **51**
Paella de grão-de-bico **80**
Palito integral **50**
Panqueca proteica **59**
Pão de fôrma integral sem glúten **28**
Pesto de salsinha **31**
Pizza de berinjela com legumes **132**
Quinoa colorida **70**
Ravióli de chia com abóbora **69**
Rejuvelac **18**
Requeijão de castanha de caju fermentado **35**
Sal de ervas **25**
Salada de alcachofra com molho de mostarda **73**
Salada de quinoa com cogumelos e abóbora **66**
Snack de grão-de-bico **117**
Sopa de alho-poró **139**
Sopa de batata com couve **143**
Sopa de legumes detox **136**

Sushi vegano **64**

Tofu thai com leite de coco **76**

Tomate recheado com quinoa e egumes **135**

Tortinha de cogumelo **93**

Doces

Barrinha de castanhas e banana **48**

Bolinhas de maracujá com banana **114**

Chocolate amargo com pistache e frutas secas **98**

Creme de avelã e cacau **60**

Docinho de tâmara e nozes **105**

Gelatina de ágar-ágar **52**

Geleia de frutas vermelhas sem adição de açúcar **32**

Iogurte de coco **34**

Mingau de banana com cereais **38**

Muesli com passas e maçã **36**

Picolé de frutas com água de coco **113**

Pocl antioxidante **56**

Pucim de chia **55**

Sorvete de abacate com cardamomo **106**

Tortinha de alfarroba com coco **101**

Tortinha de amêndoas com frutas vermelhas **109**

Waffle de aveia e coco **39**

Bebidas

Água aromatizada **22**

Chá de abacaxi com anis- -estrelado **149**

Chá de hibisco com rosas mistas **149**

Chá de jasmim com cranberry **150**

Chá de laranja, gengibre e canela **149**

Chá de maracujá com camomila **150**

Chá de melissa com erva- -cidreira **150**

Chai latte **153**

Chocolate quente **157**

Leite boa-noite **154**

Leite de amêndoas **19**

Leite de coco **21**

Leite de inhame **20**

Shake proteico de manga **110**

Spicy smoothie **42**

Suco detox **44**

Suco vitamina C **41**

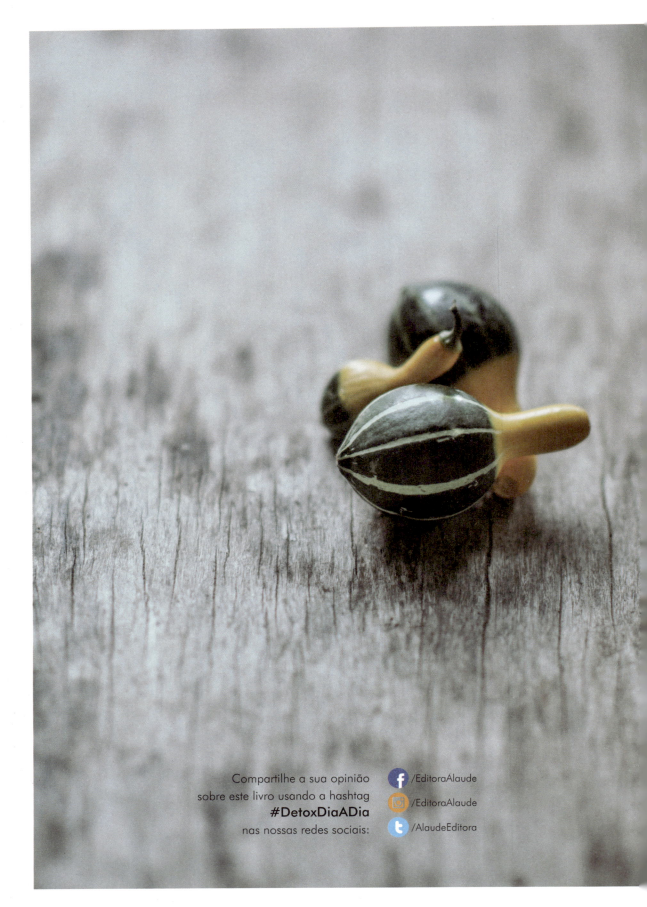